東京大學東洋文化研究所大木文庫藏明清稀見史料匯刊

第二輯

①

上海古籍出版社

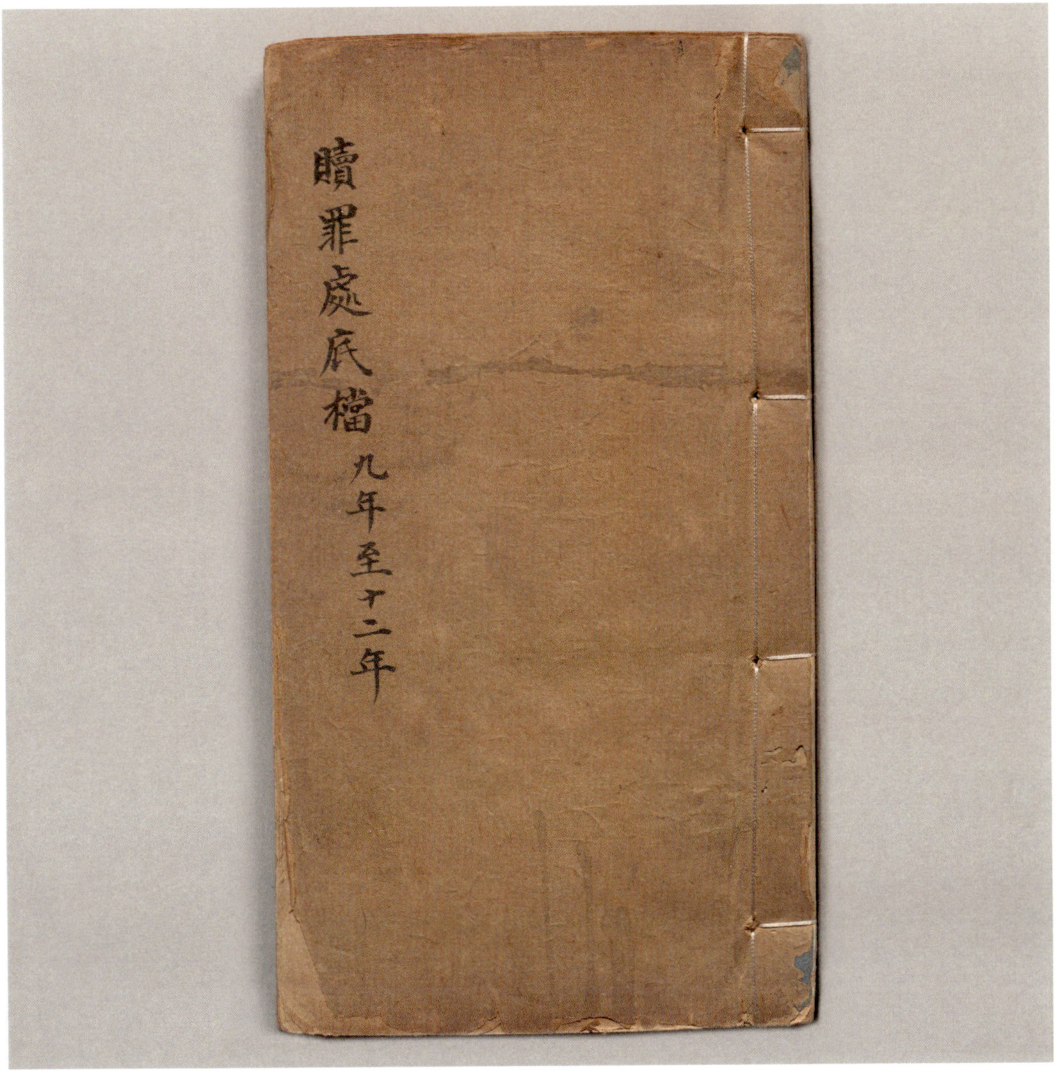

贖罪處底檔（一）

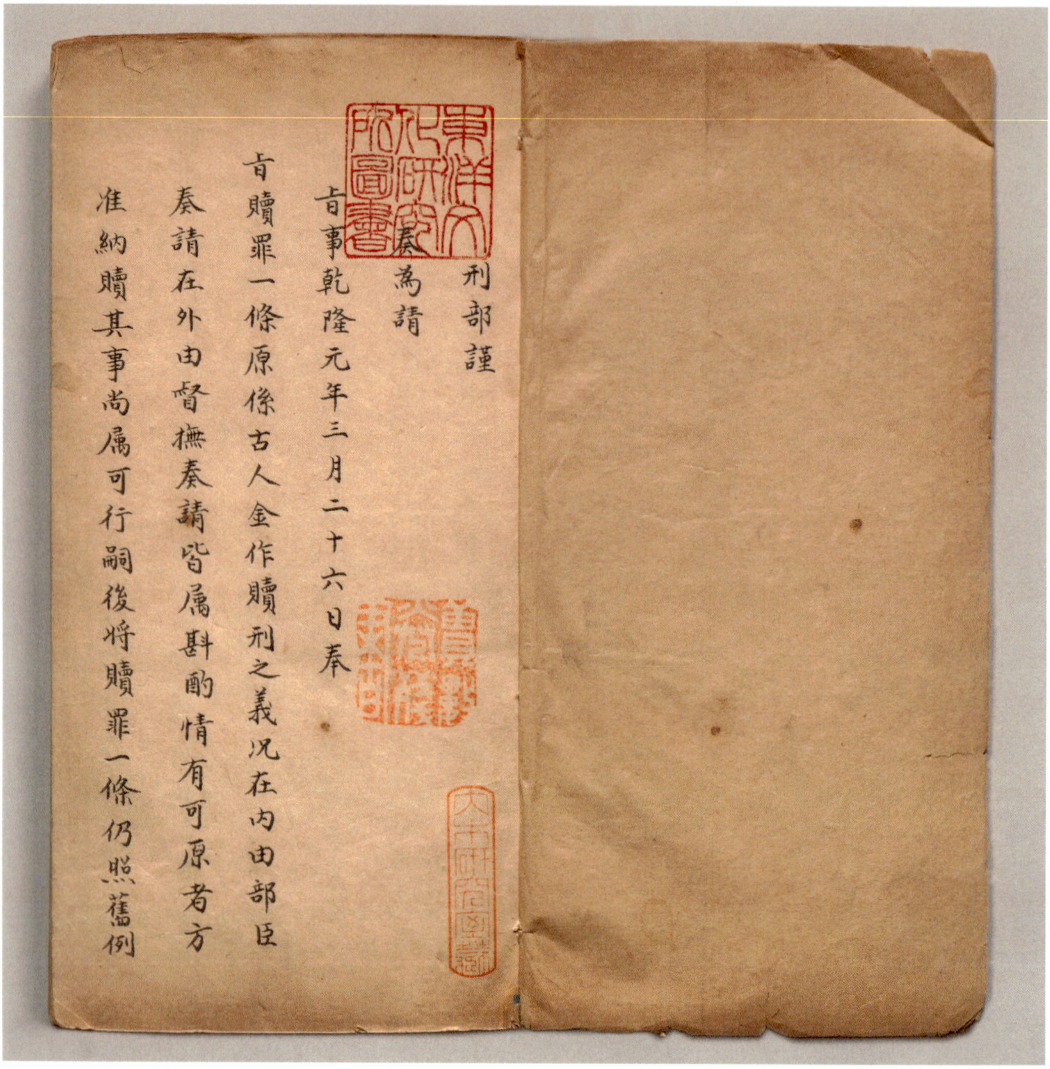
刑部謹
奏為請
旨事乾隆元年三月二十六日奉
旨贖罪一條原係古人金作贖刑之義況在內由部臣
奏請在外由督撫奏請皆屬斟酌情有可原者方
准納贖其事尚屬可行嗣後將贖罪一條仍照舊例

贖罪處底檔（二）

出版説明

東京大學東洋文化研究所是當今日本研究中國文化的主要中心之一，所藏漢籍主要有大木幹一的「大木文庫」、長澤規矩也的「雙紅堂文庫」、徐則恂的「東海藏書樓」、倉石武四郎的「倉石文庫」等數家。其中，大木文庫所藏漢籍共計四萬五千餘册，約佔東洋文化研究所全部中文古籍之三分之一。这些文獻分爲内編、外編兩大類。内編大致可分五類：一、法律與法律史文獻，二、判決與判牘，三、官制文獻，四、詔令與奏議，五、土地人口帳册，多是研究中國法律史、社會史、經濟史的基本資料，頗具特色。外編則以傳統的經史子集四部分類。

大木幹一先生（一八八一——一九五八）自東京帝國大學法科畢業後，長期在北京從事律師職業。工作之餘，收集了大量中國古籍。由於職業關係，書籍多涉及法律及經濟方面。因偶然得到明人「讀數卷殘書」藏書印，故顔其藏書齋號曰「讀殘書堂」。今其所藏之文獻卷端多鈐「讀數卷殘書」。其藏書後整體入藏東京大學東洋文化研究所。

明清政治經濟史、社會史是中國古代史研究的重要組成部分。流失海外的珍稀文獻是國内學者渴求的研究材料。大木文庫所藏以明清兩代政治、經濟、法律類文獻爲主，有選擇地影印出版，相信是一件有益於學界的事。本匯刊第一輯共收録了七種文獻，分别是《儀真縣魚鱗册》、《總官内務府掌儀司所屬鹽山縣南皮縣滄州魚鱗地册》、《掌儀司第肆段果園丁册》、《懷慶河南南陽汝甯肆府雍正十年分地丁本折錢糧册》、《棘聽草》、《新刊玉堂精製舉業備用經濟事務批註解判選》、《道光十八年重修雜税全書》。本次推出第二輯，共收録九種文獻，分别是：《贖罪處底檔》、《京控承當各案看語》、《各部院簽式》、《部本簽式》、《通本簽式》、《鑾儀衛生息銀兩典置地畝清册》、《河南布政使司呈送光緒貳拾伍年拾貳月分各屬米糧價值細數清册》、《山西歸綏道兼歸化關監督造送油酒課銀册》、《山西歸綏道兼歸化關監督造送壹年徵收牲畜税錢數目册》，並邀請中國政法大學法律古籍研究所桂濤、張雨二位先生撰寫提要。

上海古籍出版社
二〇二三年十月

大木文庫史料匯刊第二輯總目

本册目録

贖罪處底檔

贖罪處底檔

《贖罪處底檔》不分卷，一帙兩册。上册封面題簽「贖罪處底檔九年至十二年」，下册題簽「贖罪處底檔十五年至十八年」。所載爲清嘉慶九年至十二年、十五年至十八年間刑部將請求納銀贖罪的各案「不論准駁」，分批開列原案情節，具折向皇帝請旨辦理後，由贖罪處保留的底檔，以備稽查。現存底檔各案首尾完整，唯有嘉慶十一年八月初四發報具奏的鄭家箋一案，文末止於「初七日報到奉」，後面疑有脱頁。（張雨）

贖罪處底檔　九年至十二年

刑部謹

奏為請

旨事乾隆元年三月二十六日奉

旨贖罪一條原係古人金作贖刑之義況在內由部臣

奏請在外由督撫奏請皆屬斟酌情有可原者方

准納贖其事尚屬可行嗣後將贖罪一條仍照舊例

办理欽此又乾隆四十八年臣部具奏嗣後在部呈
請贖罪之案做照吏部办理廢員捐復之例毋
論准駁俱開列案情彙摺具奏等因奉
旨依議欽此欽遵各在案今據擬流加徒常犯王朝冠
之父王作内呈請照例捐銀一千二百兩為子
贖罪又流犯杜三廝之叔杜顯春呈請照例捐

銀七百二十兩爲姪贖罪又徒犯傅有蘭之母
張氏呈請照例捐銀四百八十兩爲子贖罪各
等情臣等謹開列各犯犯罪原案情節恭呈
御覽
一王朝冠湖北穀城縣人嘉慶三年三月内王朝
冠堂兄王朝寧先因蔣宗貴等收割菜子誤越

地界許訟牽及王朝冠胞兄王朝宗主謀揚言
欲尋王朝宗毆打王朝宗不甘即架揑蔣宗貴
揷血訂盟欲害伊命情詞併牽連蔣世昂寺控
縣差拘未結王朝宗旋即身故嗣蔣宗貴族人
蔣杰幼女在田拾得粟穗住王朝宗佃户牛必
順田边經过牛必順疑係偷摘伊粟喝罵蔣杰

聞知往論被斥經鄰劝散蔣恕詢悉情由以牛
必順欺凌糾同族衆往毆洩忿將牛必順扎傷
身死王朝冠即藉命拖害蔣姓族人隨照伊
故兄王朝宗指控蔣宗貴等占地訂盟欲害
伊兄挾忿統衆殺死佃户牛必順等情先後呈
控勒拿蔣恕等無獲開列參緝不力職名咨

叅在案七年十二月内蔣宗貴因被牽告受累

又以王朝寧听從王朝冠主使藉命占地在縣

府呈控提訊㫌經戚鄰劝處請息王朝冠隨商

約牛必順之叔牛珠來京赴步軍統領衙門控

告奏交該撫審明王朝冠主使牛珠赴京具控

時蔣恕尚未就獲所控任命無抵固屬得寔惟

所告蔣宗貴揷血訂盟並聚衆將牛必順殺死

審係全虛應行反坐除蔣恕依同謀共毆人致

死律擬絞監候外將王朝冠照誣告人死罪未

決律杖一百流三千里加徒役三年雖親老丁

單不准留養寺因奏結在案今據伊父王作内

以年逾七十五歲耳聾目瞎賴此孤子以終

餘年一經長配性命無依旦夕憂思情傷慘極
援引乾隆三十五年該省蒲圻縣民楊耀廷誣
告肖錫藩為匪致肖錫藩之母投河溺死擬絞
監候緩決減軍贖罪成案情願照例捐銀一
千二百兩為子贖罪等情臣等查王朝冠主使
牛珠誣控蔣宗貴揷血訂盟聚衆殺死佃戶

牛必順因屬罪有應得究由蔣宗貴并屢次
訐訟起衅所控占地訂盟係照伊故兄控詞寫
入且牛必順實係被蔣宗貴族人蔣恕并扎傷
事尚有因王朝冠似應准其贖罪
一杜三廝山西太谷縣民人因進城趕集王孝廝
飲醉將杜三廝掽撞杜三廝斥說其非被王孝

廝拾磚毆傷左耳輪杜三廝因王孝廝強橫糾約侯全智等幫毆洩忿杜三廝向其理論王孝廝不服混罵侯世寧將王孝廝揪倒杜三廝拾磚毆傷其腦後王孝廝益肆辱罵侯世寧用鉄戳殼毆傷其右臁肕侯全智用鉄尺毆傷其左脚踝骨折越四十五日身死除侯全智依共毆

人致死律擬絞監候候世寧擬杖外將杜三廝依原謀律杖一百流三千里等因題結在案今據伊叔杜顯春以伊姪杜三廝年僅十七身体單弱伊父早故止有伊母喬氏孤苦無依情願折变已産照例捐銀七百二十兩代為贖罪等情臣等查杜三廝糾同候世寧共毆王孝廝身

死寔因王孝廝倚强欺凌所致情尚可原杜三
廝似應准其贖罪
一傳有蘭奉天承德縣民人因民人李昇禄等听
從馮貴主使越边砍木案内審明該犯傳有蘭
並未出边砍木業經合夥分别照越度边関例
杖一百徒三年等因奏結在案今據伊母張氏

以年已七旬只生有蘭一子靠其養贍伊老
病垂危情願照例捐銀四百八十兩爲子贖罪
等情臣等查傳有蘭听從李昇禄等合夥分别
固屬不合究未出边與李昇禄等之越边砍木
者情尚有間傳有蘭似應准其贖罪理合恭摺
具

奏伏候
欽定爲此謹
奏請
旨嘉慶九年五月初一日奏本日奉
旨王朝冠杜三厮傅有蘭俱准其贖罪欽此

刑部謹
奏爲請
旨事乾隆元年三月二十六日奉
旨贖罪一條原係古人金作贖刑之義况在內由部臣
奏請在外由督撫奏請皆屬斟酌情有可原者方准
納贖其事尚屬可行嗣後將贖罪一條仍照舊例办

理欽此又乾隆四十八年臣部議奏嗣後在部呈請
贖罪之案倣照吏部办理廢員捐復之例毋論
准駁俱開列案情彙摺具奏等因奉
旨依議欽此欽遵各在案今據徒犯鄭宗先之子鄭惠
春呈請照例捐銀八百兩為父贖罪等情臣等
謹開列該犯犯罪原案情節恭呈

御覽

查鄭宗先安徽鳳台縣監生因服姪鄭定川頂冒伊兄澄川州同執照朦捐分發致樊鳳來赴京控告解回安徽省審办鄭定川之父鄭心孚意欲保全伊子功名控以鄭定川係伊六子業已身故鄭定川並非頂冒各情向案内中証服弟

鄭宗先等央懇扶同供証鄭宗先因係親屬且係全人功名之事礙于情面隨即應允一同指証樊鳳來不能置辯自行認証當將樊鳳來擬軍咨部旋拠黄嘉楨復以鄭定川朦捐具控審出前情除鄭定川等分别擬以軍徒外查鄭宗先等听從串囑控指鄭定川係鄭心李六子

業已身故鄭澄川妄非頂冒以致樊鳳來反坐
應依証佐不言實情故行誣証致罪有失入者
減罪人罪二等律於鄭定川軍罪上減二等杖
九十徒二年半等因奏結在案嘉慶八年十二
月内撫調任安徽巡撫阿　奏軍犯鄭定川之
兄鄭静川呈請照例捐銀二千四百兩代弟贖

罪奏
上諭阿林保奏鳳台縣監生鄭靜川呈請為胞弟革
職州同問擬軍罪之鄭定川照例贖罪一摺詳閱
原案鄭定川先因抄襲所讀窗課入斈斥革擬
杖氣鬱成疾伊父鄭心斈愛子情切欲加寬慰將
第四子鄭澄川所捐州同执照給與令其頂冒投

効報捐分發選用是鄭定川頂冒執照之處係由
伊父溺愛給與情稍可原著加恩准其贖罪欽此
欽遵亦在案今據鄭宗先之子鄭惠春以伊父
鄭宗先押發天長縣安置業已半載年老多病
且鄭定川業經照例呈請贖罪蒙
恩允准伊父因鄭定川連累獲罪情願照例捐銀八

百兩代父贖罪等情查鄭宗先因听從鄭定川之父鄭心奎囑托扶同指証按律擬徒固屬罪有應得究因親屬礙於情面尚有原且擬軍之

鄭定川蒙已蒙

恩准贖鄭宗先似應准其贖罪為此謹

奏請

旨嘉慶九年五月二十六日奏本日奉

旨准其贖罪欽此

刑部謹
奏為請
旨事乾隆元年三月二十六日奉
旨贖罪一條原係古人金作贖刑之義况在内由部臣
奏請在外由督撫奏請皆屬斟酌情有可原者方准
納贖其事尚屬可行嗣後將贖罪一條仍照舊例办

理欽此乾隆二十三年
旨斬絞緩決各犯納贖之例永行停止俟遇有恩赦減
等後其憚於遠行者再准收贖而贖鍰仍照原擬罪
名不得照減等之罪欽此又四十八年臣部具奏嗣
後在部呈請贖罪之案傚照吏部辦理廢員捐
復之例毋論准駁俱開列案情彙摺具奏等因

奉
旨依議欽此欽遵各在案今據山西省減等流犯何廷
輔之弟何廷宛呈請照例捐銀一千二百兩代
兄贖罪等情臣等謹開列該犯犯罪原案情節
恭呈
御覽

一何廷輔山西太谷縣民人嘉慶四年九月内因
感冒風寒在家調養十四日囑令伊妻温氏熬
煮米湯温氏並未熬成即行給食何廷輔生氣
斥駡温氏回駡撞頭何廷輔用刀扎傷温氏顋
門温氏欲拾鉄通條何廷輔又用刀連扎温氏
左耳根項頸旋即殞命將何廷輔照毆妻至死

律擬絞監候秋審緩決三次恭遇
恩旨減為杖一百流三千里等因在案今據伊弟何
廷宛以伊父年逾六旬呈請照例捐銀一千二
百兩為凡贖罪等情臣等查核與減等流犯仍
照原犯罪名准贖之例相符惟事關鍰贖
曠典何廷輔應否照例准贖恭候

欽定為此謹
奏請
旨苐因嘉慶九年七月二十九日發報具奏三十日
奉
旨准其贖罪欽此

刑部謹
奏為請
旨事乾隆元年三月二十六日奉
旨贖罪一條原係古人金作贖刑之義況在內由部臣
奏請在外由督撫奏請皆屬斟酌情有可原者方
准納贖其事尚屬可行嗣後將贖罪一條仍照舊例

办理欽此又乾隆四十八年臣部具奏嗣後在部呈請
贖罪之案倣照吏部办理廢員捐復之例毋論
准駁俱開列案情彙摺具奏等因奉
旨依議欽此欽遵各在案今據徒犯刘李海之母刘阮
呈請捐銀一千六百兩為子贖罪軍犯高七之
母高朱氏呈請捐銀一千四百四十兩為子贖

罪各犇情臣犇謹開列該犯犇犯罪原案情節

恭呈

御覽

一刘李海係廣東番禺縣捐職布政使經歷因欲

令佃户繆國英犇加租不允喚同工人彭惠聰

犇劏穀抵租慏將毗連之何報以田禾越劏併

令彭惠聰等將田基樹木砍用繆國英與何報
以赴縣呈控又有鄭元章向批刘學海寡嫂刘
何氏地基一段刘李海亦欲令加租不允令彭
惠聰將鋪門打毀鄭元章赴省告究行提赴省
交縣看守刘李海乘間脫逃屢緝未獲提審犯
屬及原告人証究悉前情查刘李海身係職員

應知檢束乃因佃户加租不遂輒令工人割稻
抵租以致悮割他人田禾並擅令砍伐田基樹
木打毀佃户舖門係屬不遵禁令業據衆供
確鑿即同獄成應照違
制律杖一百再加逃罪二等杖七十徒一年半等因
咨部完結在案今據伊母刘阮氏以伊子刘李海

出外已經数載遍處尋訪查無音信存亡未卜
晝夜靡寧或因佃户控告獲罪無顔回家恐致
斃於他鄉且氏現年八十四歲風燭残年舐犢
私情情願照六品官犯徒罪例捐銀一千六百
兩為子贖罪并情臣并查刘夆海所犯徒罪祇
係田土細事尚無兇惡别情刘夆海似應准其

贖罪

一高七係大興縣人因曾充花户告退後開設錢舖嗣花户尉七寺與領催阿洪阿寺商同送給忝領德喜寺使費錢文俱交存高七舖内開票轉付高七於每吊内扣得底子錢二三十文查高七以已退花户胆敢屢次代尉七寺經手使

賞從中漁利應與尉七等一例問擬近边充軍
等因奏結在案今據伊母高來氏以伊夫身患
痰疾伊現年七十七歲痛子情切情願變産照
民人贖軍罪銀七百二十兩加倍捐銀一千四百
四十四兩為子贖罪等情臣等查高七所犯軍
罪係因串通花户舞弊漁利分贓情節較重似

應不准其贖罪以上二犯臣等謹分别准駁恭摺

具

奏伏候

欽定為此謹

奏請

旨嘉慶九年十月二十六奏本日奉

旨依議欽此

刑部謹
奏爲遵
旨議奏事内閣抄出廣東巡撫孫　奏稱吳寧縣流
犯羅溥之妻羅練氏呈請捐銀一千二百兩代
夫贖罪等因嘉慶九年十月二十七日奉
硃批該部議奏欽此欽遵於二十九日抄出到部臣

并檢查原案緣羅溥係廣東嘉應州興寧縣
捐納州同職銜因婢女春喜與堂兄羅灃通姦
被舊日工人王義奉撞見羅灃許給王義奉番
銀六圓囑勿聲張王義奉允從各散嗣王義奉
因羅灃未將所許銀兩給與向春喜索取春喜
用言斥責王義奉掌批春喜腮頰後羅溥聞

知其事將春喜斥罵春喜頂撞羅溥用拳脚
毆踢致傷身死羅溥畏罪憶及王義奉日前
曾將春喜毆打起意假揑王義奉調姦致斃等
情投保報縣王義奉與羅溥等各執一詞詳
請革審經該撫提犯至省旋據羅溥悔罪具
呈自首將羅溥依奴婢有罪家長不告官司

而私自毆殺律杖一百革去州同職銜免其折
責並免納贖等因咨部經臣部以誣告人命律
無自首免罪明文惟王義奉聽從賄囑隐瞞本
有應得之罪羅溥誣告王義奉調姦毆斃係屬
誣輕為重將羅溥改依誣告人死罪未決擬流
加徒律係誣輕為重應杖一百流三千里等因

咨稟在案今據該撫奏稱據羅溥之妻羅練氏
呈請捐銀一千二百兩代夫贖罪等情臣等查羅
溥因婢女春喜與堂兄羅澧通姦將春喜踢毆
身死誣控王義奉調姦致斃圖脱自罪名幾陷
他人冤獄情節已覺較重且羅溥係捐職州同
例應照六品官犯流罪例捐銀二千四百兩今

羅練氏僅請捐銀一千二百兩亦與定例未符
羅溥應不准其贖罪為此謹
奏請
旨嘉慶九年十一月初十日奏本日奉
旨依議欽此

刑部謹
奏爲請
旨事乾隆元年三月二十六日奉
旨贖罪一條原係古人金作贖刑之義况在内由部臣
奏請在外由督撫奏請皆屬斟酌情有可原者方准
納續其事尚屬可行嗣後將贖罪一條仍照舊例办

理欽此又乾隆四十八年臣部具奏嗣後在部呈請
贖罪之案倣照吏部辦理廢員捐復之例毋論
准駁俱開列案情彙摺具奏等因奉
旨依議欽此欽遵各在案今據擬軍官犯熊官梅之
母杜氏呈請捐銀六千兩為子贖罪又軍犯張
立緒之母刘氏呈請捐銀七百二十兩為子贖罪

又軍犯瞿紹堅之母錢氏呈請捐銀二千四百
兩爲子贖罪各等情臣等謹開列該犯等犯罪
原案情節恭呈
御覽
一熊官梅係已革山東歷城縣知縣因自幼出繼
與表叔張士成爲子隨從其姓寄籍順天乾隆

四十五九　等年在山東曹縣等縣署内办理差
務工程五十九年張士成因曾在前任懷柔縣
蔡若釆州判任内作幕許送銀六十兩為熊官
梅捏報滿吏考取正八品後張士成生子令熊官
梅復姓歸宗熊官梅知素識之王九有堂兄王
紹麟在懷柔縣充當吏房即煩王九轉託王紹

麟代爲具呈歸宗付給履歷三代一紙銀四十
兩託王九轉交王紹麟办理嗣熊官梅加捐分
發呈明親老改掣山東借補縣丞照例捐免坐
補原省經該撫奏請陞署歷城縣知縣旋據御
史汪鏞条奏該員声名狼籍並有汶上縣民人
控告浮收勒派之案奉

旨革職解京審办熊官梅即寄信與王九声称此事
原係託伊轉交王紹麟所办何以從前将伊母
杜氏悞填已歿囑王九前往查看如有錯悞即
為賄囑書吏改妥王九接信後因王紹麟已故
邀陳三同往懷柔賄囑該縣吏書鍾大年苛補
寫底奏申送順天府查出叅奏當經行文山東

巡撫查明熊官梅実有親母杜氏並無捏飾任
内尚無浮收等事其從前曾在曹縣署中办理
差務工程即係办事長隨乃敢聽從繼父賄囑
捏報已滿書吏冒濫入任應比照吏員人等
為事問革買求官吏改洗文卷隱匿公私過名
選用已除授發近边充軍例咨解福建省充軍

在案嗣於五年十月據伊妻呈請贖罪經臣部
議以不准具奏奉
旨梅官梅不准贖罪欽此今據伊母杜氏復以伊子罪
固难追而氏年逾八旬老病無依煢孤苦呈請
遵奉衡工事例推廣
曠典凡贖罪前經部議不准者若各犯自愿捐贖

或加一倍或加二三倍准令贖罪之例於七品官
犯軍罪一千五百兩外再加三倍共捐銀六千兩
爲子贖罪并情臣并查熊官梅以長隨賄囑捏
報滿吏冒濫入仕被參後復寄信賄囑縣書補
爲卷底情節較重雖據伊母呈請遵照新例加
三倍捐贖應仍不准其贖罪

一張立緒係直隷建昌縣民人因原任孔薩克公
荼格拉布坦借欠張立緒并艮兩寫立合同召
募民人開墾地畝經吉林将軍秀　審明該犯
并越边開地係屬違禁将張立緒并均依越边
種地例發近边充軍在案今據張立緒之母刘
氏以伊子發配将近五載現年五十九歲該氏

年逾八旬母子遠隔兩地呈請情願照例捐銀
七百二十兩為子贖罪等情臣等查張立緒越边
墾地究由恭拉布坦借欠銀兩名募開墾所致且
到配已近五載似應准其贖罪
一瞿紹堅係江蘇常熟縣已革附貢生因本年
來京鄉試赴監納卷投考旋患吐血臂痛症未

經考到有來京鄉試之同鄉附監生俞棻前望
瞿紹堅以數千里來京患病不能鄉試回家難見
親族之言向訴央其代為考録事後致謝俞棻
應允隨頂名赴監考録嗣經出結官呈首奏交
臣部審明瞿紹堅実係因病托倩併提瞿紹堅
出題面試文理尚属明順查考録並非正場可

比惟事属已行將瞿紹堅照雇倩之生童與鎗
手同罪例枷號三個月發烟瘴地面充軍等因
奏結在案今據伊母錢氏以年邁無依不忍聽
子遠戍他方呈請情願于貢監生犯軍罪捐艮
一千二百兩之例加倍捐銀二千四百兩爲子贖
罪等情臣等查瞿紹堅倩人考録究係因病且

尚與正場有間似應准其贖罪以上三犯臣等
謹分别准駁恭摺具
奏伏候
欽定為此謹
奏請
旨嘉慶九年十二月初二日具奏本日奉

旨熊官梅情節較重著不准贖贖罪張立緒瞿紹堅

俱著准其贖罪欽此

刑部謹

奏爲遵

旨議奏事内閣抄出湖北廵撫瑚　奏監利縣緩决減

等流犯郭正運之弟郭漢運呈請照例捐銀代

兄贖罪等因一摺嘉慶九年十二月初七日奉

硃批該部議奏欽此欽遵於初十日抄出到部臣等檢

查原案郭正運因無服族弟郭際運在伊父郭應
富田边搭棚賣酒致相争鬧郭際運用刀劃傷
郭應富右手小指並將郭應富推倒騎壓向毆
該犯瞥見趕攏救護用鐵尺打傷其左膁肋右
後肋郭際運站起用刀向戳該犯又用鐵尺回毆
致傷郭際運頂心身死將郭正運依鬪毆殺人律

擬絞監候秋審緩決四次恭遇
恩旨減為杖一百流三千里等因在案　查乾隆二十三
年奉
旨斬絞緩决各犯納贖之例著永行停止俟遇有恩赦
減等後其憚於遠行者方准収贖其贖鍰則仍照原
犯罪名不得照減等之罪欽此今據該撫奏稱減等

流犯郭正運之弟郭漢運呈請情願仍照原犯死
罪捐銀一千二百兩代凡贖罪與例相符似應准
其贖罪爲此謹
奏請
旨嘉慶九年十二月十七日奏本日奉
旨郭正運准其贖罪欽此

刑部謹

奏為遵

旨議奏事內閣抄出兩廣總督倭　奏南海縣發遣

伊犁減徒官犯石中和之母石蔡氏呈請捐銀

為子贖罪一摺嘉慶十年二月初六日奉

硃批該部議奏欽此欽遵於初八日抄出到部臣等

檢查原案緣石中和係廣東海縣人捐納員外郎職銜因接充伊父洋商拖欠夷商貨銀五十餘萬兩將石中和革去職銜發往伊犁當差所欠夷商銀兩飭據各行商設立公櫃分限六年代完隨經伊犁將軍請將石中和照錢糧限内全完減免之例咨部核釋經臣部以石中和虧

欠商銀非係官項既於限內公扣全完似與限
滿無完者應爲區別辦理唯竟予援釋恐啟奸
商拖欠之漸請將石中和於原犯軍罪上量減
一等擬以徒三年遞籍定地等因具奏奉
旨依議欽此在案今據該督奏稱伊母石蔡氏備繳
銀一千六百兩請照五品官捐贖徒罪之例爲

伊子贖罪等因前來臣等查石中和係已革捐
職員外郎因拖欠夷商銀兩發往伊犁當差限
內經衆商代繳全完奏准減徒核其情節尚屬
可原唯查臣部辦理贖罪章程凡官員貢監生
有犯軍流減徒者俱仍照原犯軍流罪名捐贖
不得照所減之罪今該督奏稱石中和准照所

減徒罪捐贖與臣部辦理捐贖章程不符應令
該督飭令石中和之母石蔡氏照五品官捐贖
軍罪之例呈繳全完准其贖罪倘不能全繳仍
將石中和定地充發徒配所有臣等核議緣由
理合恭摺具
奏請

旨嘉慶十年二月二十一日奏本日奉
旨依議欽此

刑部謹
奏為請
旨事乾隆元年三月二十六日奉
旨贖罪一條原係古人金作贖刑之義況在內由部臣
奏請在外由督撫奏請皆屬斟酌情有可原者方准
納贖其事尚屬可行嗣後將贖罪一條仍照舊例辦

理欽此又乾隆四十八年臣部具奏嗣後在部呈請
贖罪之案傚照吏部辦理廢員捐復之例毋論
准駁俱開列案情彙摺具奏等因奉
旨依議欽此欽遵各在案今據軍犯劉克杰之母劉馬
氏呈請捐銀一千二百兩為子贖罪等情臣等
謹開列該犯犯罪原案情節呈恭

御覽

一劉克杰山西絳州監生因出繼胞叔劉志學向其索還應分地畝墳基不肯退還經劉志學赴州及道司衙門呈控委員審明斷令劉克杰退歸劉志學管業劉克杰並未退還出外躲避嗣劉克杰回家劉志學令子劉魁管向索劉克杰

氣忿因妾王氏愚蠢素不和睦起意將王氏致
死圖賴劉魁晉出氣遂令伊妻高氏帮同下手
揑稱出門赶集指使王氏開門即携鉄钁跟至
前院乘其不備毆傷王氏髮際倒地復毆其左
額角併令高氏按住王氏之口連毆王氏胸膛
立時殞命開門喊稱劉魁晉毆死通知鄉地報

州究出實情將劉克杰依故殺妾圖賴無論圖
賴係凡人及尊卑親屬俱發附近充軍例發附
近充軍等因咨部核覆在案今據伊母馬氏以
年逾六旬別無次丁情愿照例捐銀一千二百
兩為子贖罪臣等查劉克杰圖佔出繼胞叔劉
志學田塲抗斷不還復將已妾王氏謀死圖賴

核其情節詐欺殘忍劉克杰似應不准其贖罪
理合恭摺具
奏伏候
欽定為此謹
奏請
旨嘉慶十年三月初九日奏本日奉

旨劉克杰着不准其贖罪欽此

刑部謹

奏為請

旨事乾隆元年三月二十六日奉

旨贖罪一條原係原人金作贖刑之義況在內由部臣

奏請在外由督撫奏請皆屬斟酌情有可原者方准

納贖其事尚屬可行嗣後將贖罪一條仍照舊例辦

理欽此又乾隆四十八年臣部具奏嗣後在部呈請
贖罪之案倣照吏部辦理廢員捐復之例毋論
准駁俱開列案情彙摺具奏等因奉
旨依議欽此欽遵各在案今據擬徒官犯孫燕翼父妾
張氏呈請捐銀二千兩代孫燕翼贖罪等情臣
等謹開列原案情節恭呈

御覽

一孫燕翼原任廣東肇羅道因承審所屬恩平縣民人鄭大牲翻控伊子鄭梓隆被學徒岑德勝毒斃一案令被控之鄭大倫等盡力佽助並代屬員央求免參另案處分及向知府索取陋規勒令首縣修理衙署短發價值各款案內參奏

革職據該撫審明孫燕翼除狥庇屬員尚非營
私索取陋規並未到手例止降革派令首縣修
理衙署公所器物短發價銀照因公科歛折半
科斷亦罪止杖六十徒一年均屬輕罪其於鄭
大甡誣告謀命並不按律究辦反令被告出銀
佽助寔屬故出流罪因未決放應於鄭大甡滿

流加徒上減一等總徒四年惟該員係現任道
員且係巡撫孫曰秉之子不思潔己奉公輒敢
廢法妄斷任意營私寔屬貪劣孫孫燕翼發往
伊犁効力贖罪等因具奏經臣部照擬核覆欽
奉
諭旨解京交軍機大臣會同刑部詳細審訊另行定

擬具奏等因欽此嗣經軍機大臣會同臣部審
明孫燕翼被叅各欵前經該撫聲明均係輕罪
現俱覆審無異應毋庸議其故出鄭大牲誣告
罪名應照故出人罪本律科斷該撫前將孫燕
翼徒罪加至發往伊犁係屬從重辦理孫燕翼
應仍照故出流罪囚未决放律於鄭大牲流罪

加徒上減一等總徒四年等因奏結在案今據
孫燕翼父妾張氏以孫燕翼到配業經兩載近
接家信知其在配染患怔忡病症驟難痊可恐
在配遺悮差使兹滋罪戾情願照四品官犯徒
罪例捐銀二千兩代孫燕翼呈請贖罪臣等查
孫燕翼係監司大員於承審鄭大姓誣告謀命

並不按律究辦反令被告出銀伙助實屬廢法
妄斷情節較重惟到配業已二年可否准其贖
罪之處恭候
欽定爲此謹
奏請
旨等因嘉慶十年四月十七日內閣抄出十五日奉

旨孫燕翼著准其贖罪欽此

刑部謹

奏為請

旨事乾隆元年三月二十六日奉

旨贖罪一條原係古人金作贖刑之義況在内由部臣

奏請在外由督撫奏請皆屬斟酌情有可原者方准

納贖其事尚屬可行嗣後將贖罪一條仍照舊例辦

理欽此又乾隆五十七年五月内奉
旨嗣後凡有奏請贖罪立限完繳仍令前赴戍所俟贖
項繳清之日再准回籍如逾限不交者照舊例治罪
欽此欽遵各在案今據發往伊犁効力當差原
任直隸保定府知府吳兆熊之母吳趙氏呈請
捐銀一萬五千兩為子贖罪並聲明現交銀八

千兩餘銀七千兩限九月內完繳等情臣等謹
開列吳兆熊犯罪案情恭呈
御覽
一吳兆熊原任直隸保定府知府因束鹿縣民婦
王張氏呈控保正張文觀被王寶子尋驢詈駡
遷怒伊子王洪中率衆登門械毆王洪中赴控

復被糾衆揪落髮辮拉脫衣褲等情一案該府
吴兆熊於按察使批審時轉委試用知縣黃玠
審問張文觀供稱王洪中素不安分屢有犯案
並供出王洪中遷墳佔葬一案黃玠輕聽一面
之詞疑為誣告將王洪中人証王順興等疊加
掌責王順興等遂各揑認王洪中為誣告録供

稟府覆該府提審因王洪中肆行頂撞亦加掌責交縣看押擬俟次日覆審王洪中旋因官司受屈自縊身死該府即據供定案將張文觀省釋王洪中坐誣擬軍身死免議追王張氏赴京呈控經臣部奏明將黄玠革職吴兆熊解任來京審明張文觀棍徒擾害屬寔該府吴兆熊尚

無授意受賄情事其結案時將罪應擬軍之張
文觀省釋尚可藉稱委員黄玲朦混至王洪中
遷墳佔塋罪止杖八十該府因其業經自縊輙
以例應擬杖之人坐以誣告擬軍增輕作重律
得折減擬徒但王洪中於被該府掌責後即在
押自縊情節較重請

旨革職發往伊犁効力當差等因具奏奉
上諭此案王洪中被張文觀糾衆尋毆寫呈具控復
被張文觀等揪落髮辮剥取衣履王洪中赴省在
臬司處控告批府該府即應親提訊辦乃輙委之
分發試用初學審案之知縣黄玠集訊該員偏信
張文觀等一面之詞稱王洪中素不安分屢有犯

案疑為誣告轉將干証等各加掌責遂致順口捏
供追經稟府覆審吴兆熊仍不虛衷研鞫復將王
洪中受屈自縊經朱平遠喊稱被人謀死黄玠復
將其掌責壓槓而吴兆熊率即據供定案將王洪
中坐誣擬軍身死免議並將張文觀省釋詳結王
洪中平素即係刁健而就案論案實因官司負屈

莫伸輕生自縊皆由該府縣偏聽枉斷所致黄珎
着發往烏魯木齊効力贖罪知府吴兆熊著革職
發往伊犁効力當差等因欽此咨送兵部發遣在
案今據吴兆熊之母吴趙氏呈稱現年八十二
歲賴子兆熊以養餘年朝夕思念疾病時作近
接伊子來信知兆熊因獲罪後愧懼交集在途

染患怔忡病症誠恐抱病到戍貽悞差使獲罪
愈重情愿捐銀一萬五千兩為子贖罪併聲明
現交銀八千兩餘銀七千兩懇賞限於九月内
完繳等情臣等查係職官可否准其贖罪之處
恭候
欽定為此謹

奏請
旨嘉慶十年五月十七日奏十九日内閣抄出奉
旨吴兆熊著准其贖罪欽此

刑部謹
奏為請
旨事乾隆元年三月二十六日奉
旨贖罪一條原係古人金作贖刑之義況在內由部臣
奏請在外由督撫奏請皆屬斟酌情有可原者方准
納贖其事尚屬可信行嗣後將贖罪一條仍照舊例辦

理欽此又乾隆四十八年臣部具奏嗣後在部呈請
贖罪之案倣照吏部辦理廢員捐復之例毋論
准駁俱開列案情彙摺具奏等因奉
旨依議欽此欽遵各在案今據擬徒官犯張印宗之姪
孫張建英呈請捐銀一千兩代張印宗贖罪又
軍犯楊全即陳利貞之母楊氏呈請捐銀一千

四百四十兩爲子贖罪各等情臣等謹開列該
犯等犯罪原案情節恭呈
御覽
一張印宗原任山東冠縣知縣緣該縣民人郭正
宗被毆身死經袁煥之子袁立言告知屍侄郭
東義趕往認明通知屍妻石氏赴縣禀報該縣

張印宗驗明該屍腦後等處共鐵器傷四處骨
損血出因地無血跡疑爲移屍通詳懸賞差役
呂均訪緝無獲曾經比責嗣呂均訪知郭東義
尋見屍身由表立言指引疑即伊家毆斃故意
指點籍圖掩飾稟經該叅令將表立言傳案訊
無証據仍飭呂均偵訪並責比限緝呂均復訪

知袁立言之戚杜克果素不務正自郭正宗命
之後不復見面隨將杜克果訪獲稟究杜克果
稱不知情該叅令加以掌責杜克果誣認移屍
該叅令將其押候覆訊一面諭令呂均確訪呂
均畏比欲思借端銷案隨以袁立言已認郭正
宗係伊家毆死若不照供必受刑夾之言向杜

克果嚇唬及該參令覆訊杜克果畏刑混洪係
袁煥家祖孫毆斃該參令即將袁煥之孫袁承
先掌責袁煥憐孫受刑誣認毆斃屬寔該參令
遂將袁煥擬絞解府袁煥在府翻供伊弟袁燦
欲圖為兄伸寃又將李志忠等指為正兇赴司
妄遞提省研究袁煥等均非毆斃郭正宗正兇

將該縣張印宗叅奏革職審明實係偏聽糊塗草率成招失入緩罪將張印宗依失入人絞罪因未決放律共減四等杖八十徒二年本案正兇飭緝究辦等因奏結係漢軍旂人行令該撫照例解部折枷號三十日在案今據伊侄孫雲麾使張建英呈稱張印宗年甫六旬自獲罪以

來悔懼交集染成瘋痰病症自歷城縣解京沿
途感受潮濕病勢愈篤曾經呈請驗明取保調
治迄今醫治罔効動履維艱情愿照例捐銀一
千兩代張宗印贖罪等情臣等查核銀數與例
相符惟係職官可否准其贖罪之處恭候
欽定

一楊全即陳利貞江蘇吴縣人充當蘇州府衙門皂役嘉慶七年八月間該府修辦江震塘工飭差楊全承催於九月初十日工竣楊全因到工數次賠用盤費起意索詐隨向工匠頭任志鰲索得錢二十千文湯萬龐元銀十八兩陳漢階元銀十五兩花用旋經該府訪聞飭縣審明此

外並無招摇生事詐害情事將楊全依蠹役詐
贓十兩以上例發近邊充軍咨結發配陝西大
荔縣安置在案今據伊母陳楊氏呈稱伊現年
八十七歲暮年無靠近聞伊子在配念該氏在
家無靠憂愁成病情愿找變遺産併哀求親友
帮湊照民人贖軍罪七百二十兩遵照衡工事

例加一倍共捐銀一千四百四十兩爲子贖罪

臣等查楊全即陳利貞奉差催工賠用盤費錢

文於完工之後向工匠頭索得銀錢與事前勒

索者情稍有間且業已到配可否准其贖罪之

處恭候

欽定爲此謹

奏請

旨嘉慶十年六月十四日奏本日奉

旨張印宗楊全即陳利貞俱着准其贖罪欽此

刑部謹

奏為請

旨事乾隆元年三月二十六日奉

旨贖罪一條原係古人金作贖刑之義況在內由部臣

奏請在外由督撫奏請皆屬斟酌情有可原者方准

納贖其事尚屬可行嗣後將贖罪一條仍照舊例辦

理欽此又乾隆四十八年臣部具奏嗣後在部呈請
贖罪之案倣照吏部辦理廢員捐復之例毋論
准駁俱開列案情彙摺具奏等因奉
旨依議欽此欽遵在案今據到配徒犯原任湖北隨州
知州胡壽芝之侄胡復章呈請照例捐銀一千
六百兩代叔贖罪等情臣等謹開列該犯犯罪

情節恭呈

御覽

一胡壽芝原任湖北隨州知州因該州捐職千總

呂掄元重利放債質押田房被控經該州胡壽

芝詳革究審旋因患病保出又與沈開運等壓

寶賭博經地保查知赴州投首差拘審訊呂掄

元狡賴不承該州諭俟拘齊夥犯質訊呂掄元
慮恐問罪託素好之生員劉世俟設法挽回劉
世俟以現議修葺
學宮令其捐罰銀兩充公呂掄元應允自願罰銀
一千兩懇其関說並囑求復功名劉世俟隨央
巡檢馮紹忠轉向該州胡壽芝説允囑令自行

赴學呈捐免致日後藉口其併復功名一層劉世俟自揣難行未曾言及嗣呂掄元因未將伊功名開復隨隐瞞實情赴藩司衙門呈控經該督等將胡壽芝叅奏革職審明呂掄元所罰銀兩實係自行赴學投進捐呈學宫亦係興修在先呂掄元告發在後並無先侵

後吐情事查胡壽芝於呂掄元犯賭畏罪情願
罰贖輙行許允與官吏聽許財物相同至所贖
銀兩業因廟工全行用去並無絲毫入己亦與
未接受無異將胡壽芝比照官吏聽許財物雖
未接受事若枉者准枉法論罪止杖一百流三
千里減受財一等律杖一百徒三年呂掄元所

繳罰贖銀兩雖經修理
學宮但未先行詳明應不准其開銷仍在胡壽芝
名下追繳入官等因奏結在案今據胡壽芝胞
姪胡復章以伊幼蒙撫養今伊叔在配患病恐
誤差使不忍坐視情願照例捐銀一千六百兩
代叔贖罪併聲明罰繳銀一千兩已於九年六

月內由江夏縣呈繳藩庫領有執照等情臣等

查該叅員完交罰贖銀兩尚未據該撫咨報現

據該叅員之姪粘呈江夏縣申觧藩司兑收貯

庫印收查驗屬實贖罪銀数亦與定例相符惟

係職官可否准其贖罪之處恭候

欽定為此謹

奏請

旨等因嘉慶十年九月十四日發報具奏十七日報

到奉

旨胡壽芝准其贖罪欽此

刑部謹
奏為請
旨事乾隆元年三月二十六日奉
旨贖罪一條原係古人金作贖刑之義況在內由部臣
奏請在外由督撫奏請皆屬斟酌情有可原者方准
納贖其事尚屬可行嗣後將贖罪一條仍照舊例辦

理欽此又乾隆四十八年臣部具奏嗣後在部呈請
贖罪之案倣照吏部辦理廢員捐復之例毋論
准駁俱開列案情彙摺具奏等因奉
旨依議欽此欽遵各在案今據到配軍犯甘五母舅李
炳瑞呈請捐銀一千四百四十兩代甥贖罪等
情臣等謹開列該犯犯罪原案情節恭呈

御覽

一甘五係大興縣民人充當舊太倉花戶嘉慶七
年春間鑲白旗放米該旗領催阿洪阿憑車戶
樊大等與該倉花戶尉七商允在兵丁領米車
價內每石多索京錢四十文作為倉內使費希
圖分肥花戶尉七等恐叅領查知禁阻囑阿洪

阿向叅領德喜慶奎說明阿洪阿即於開筴領
米車價時每石多增京錢四十文並在京兵丁
賣米價內扣留由車户轉交花户收存總計收
得京錢一千七百餘吊除每日分給掐斛窀沙
人等外尚餘四百二十吊有零尉七等以四百
吊付阿洪阿轉送給德喜慶奎各一百吊阿洪

阿等領催十八各分得二十吊嗣後該旗每遇
関米俱照此辦理截至九年夏季共関米十次
德喜慶奎各得過京錢共九百八十五吊各領
催拨承辦次数得京錢自十八吊至二百吊有
零不等各倉花户尉七及甘五等各得京錢二
三十吊不等除德喜慶奎依不枉法贓一百二

十兩以上擬絞監候勒限一年完繳另行照例
辦理領催阿洪阿等擬軍係旂人照例折枷外
將尉七同花户甘五等均依倉役向関米之人
詐贓十兩以上例發近邊充軍等因奏結發配
在案今據甘五母舅李炳瑞情愿照例加倍捐
銀一千四百四十兩代甥贖罪等情臣等查甘

五身充花户胆敢向閔米之人索詐錢文復扶
同賭嚇恭領釀成巨案情節較重應不准其贖
罪為此謹
奏請
旨嘉慶十年十二月初二日奏本日奉
旨依議欽此

刑部謹

奏為請

旨事乾隆元年三月二十六日奉

旨贖罪一條原係古人金作贖刑之義況在內由部臣

奏請在外由督撫奏請皆屬斟酌情有可原者方准

納贖其事尚屬可一　嗣後將贖罪一條仍照舊例辦

理欽此又乾隆四十八年臣部具奏嗣一在部呈請
贖罪之案倣照吏部辦理廢員捐復之例毋論
准駁俱開列案情彙摺具奏等因奏
旨依議欽此欽遵各在案今據遣犯鄭家箋之子鄭紹
濂呈請代父照例贖罪所情臣等謹將該犯犯
罪原案情節恭呈

御覽

一鄭家箋係廣東潮陽縣舉人嘉慶七年間潮陽縣梅花和平等鄉係鄭馬二姓各自聚族而居素不和睦鄭阿營約會族衆不許馬姓赴其鄉外官山砍柴馬阿仕亦糾約族鄰不許鄭姓赴其鄉外海港捕魚彼此結仇迭次爭毆斃命鄭

姓衿耆鄭家箋等馬姓衿耆馬輝龍等各自袒
庇族人互相争勝又有訟棍朱東偉播弄誆騙
銀錢先後教令鄭家箋馬輝龍等轉囑屍親隐
匿平日同仇如傷斃多命則分起具報起衅情
節則任意假揑嗣後遇有差役往拿鄭家箋等
在鄉把持揑稱犯已在逃不許差役進村搜捕

以致命案日多兇犯杳無一獲旋經該道親赴
捕拿將鄭阿營等分别斬絞具題除訟棍朱東
偉擬絞監候外鄭家箋等均照知情藏匿罪人
於鄭阿營等死罪上減一等擬杖一百流三千
里並聲明潮郡大族械鬭皆由土豪從中主持
未便稍事姑容將鄭家箋等俱發黑龍江充當

苦差等因題結在案今據鄭家箋之子鄭紹濂
以伊父於嘉慶六年中式舉人進京應試不第
留駐京中試館於七年十一月回籍嗣朱東偉
被獲供出伊父與鄭振武等請伊分案控捏等
詞將伊父問發黑龍江伊不忍父遭遠遣呈請
照例贖罪等情臣等查兇犯鄭阿營等結仇迭

次争毆斃命時雖在鄭家箋七年進京應試期
内追該道訪知於九年十月内前往智拿已在
鄭家箋七年十一月内回籍之後且查閱原招
據鄭家箋供認與鄭一枝在鄉把持不許差役
進鄉搜捕屬實該撫以鄭家箋等於隣族仇殺
相尋並不約束送究反恃勢庇護抗匿幾至宄

匪多人盡皆漏網將鄭家箋等照知情藏匿罪

人減等擬流改發黑龍江等處充當苦差實屬

情真罪當鄭家箋似應不准贖罪爲此謹

奏請

旨等因嘉慶十一年八月初四日發報具奏初七日

報到奉

刑部謹
奏為請
旨事乾隆元年三月二十六日奉
旨贖罪一條原係古人金作贖刑之義况在內由部臣
奏請在外由督撫奏請皆屬斟酌情有可原者方准
納贖其事尚屬可行嗣後將贖罪一條仍照舊例辦

理欽此又乾隆二十三年三月二十三日奉
旨斬絞緩決各犯贖罪之例著永行停止俟遇有恩赦
減等有悼於遠行者再准收贖而贖鍰則仍照原擬
罪名不得照減等之罪欽此又乾隆四十八年臣部
具奏嗣後在部呈請罪之案倣照吏部辦理廢
員捐復之例無論准駁俱開列案情彙摺具奏

等因奉
旨依議欽此欽遵各在案今據減等流犯段如仁堂弟
段騰甲呈請照例捐銀一千二百兩代兄贖罪
又據湖北省宜城縣安置流犯王文杰之母顧
氏呈請加倍捐銀一千四百四十兩為子贖罪
臣等謹開列該犯等犯罪情節恭呈

御覽

一段如仁係河南陝州民人該村向有社廟神會
村衆輪流經管嘉慶十年正月十六日段如仁
同村衆赴馬積德家敬神飲酒段如仁飲入醉
鄉村斥馬積德所辦酒席平常馬積德之子馬
圪塔在旁不依致相吵罵經馬積德將馬圪塔

喝走而散嗣段如仁在自己門首用小刀修削
燭簝馬圪塔走至斥罵段如仁不應當衆蹧蹋
段如仁不服回罵馬圪塔拾取蘆柴向段如仁
赶毆段如仁情急順用小刀嚇扎致傷馬圪塔
右血盆殞命將段如仁依鬬毆殺人律擬絞監
候恭逢本年正月初四日

恩旨減為杖一百流三千里今據伊堂弟段騰甲以
段如仁之母李氏現年七十一歲聞如仁減等
發配遠離不勝悲切情願照例捐銀一千二百
兩為段如仁呈請贖罪臣等核與減等流犯捐
贖銀數相符段如仁似應准其贖罪
一王文杰係浙江仁和縣人承充廣東曲江縣煤

商雇凌井全等在廠窯煤嘉慶三年凌井全起意糾約各廠窯煤之何源等三十八人結拜弟兄不序年齒被獲並究出案內同夥結拜之卯觀斗受等曾將徐公舅之妻黄氏强拉輪姦除凌井全等分别擬以斬決絞候發遣外查王文杰於所管煤廠人夫凌井糾衆結盟及卯觀斗

受等輪姦婦女審明並不知情但各犯時在廠
中它煤該犯身充煤商毫無稽查管束寔與故
縱無異将王文杰於凌井全死罪上減一等杖
一百流三千里等因奏結於四年據廣東巡撫
題報據王文杰妻母沈劉氏呈請照例捐銀七
百二十兩為壻贖罪經臣部議以不准贖罪各

在案今復據伊母顧氏以孀守六十二年年已八十九歲孤苦無依伊子尚未有子勢必宗嗣斬絕且伊子並非自己作奸犯法止係因人連累原案審明並不知情比例從重問擬到配已及八年氏念子情切双目成瞽情愿加倍共捐銀一千四百四十兩呈請為子贖罪等情臣等

查王文杰之母顧氏孀守年老孤苦無依呈請
加倍捐銀為子贖罪情詞懇切可否准其贖罪
之處恭候
欽定為此謹
奏請
旨嘉慶十一年十月十九日奏本日奉

旨准其贖罪欽此

刑部謹

奏為遵

旨議奏事内閣抄出調任廣西巡撫汪　奏欝林州

減等流犯貢生黄寶訓呈請捐銀二千兩贖罪

又懐集縣減等流犯羅志畝呈請捐銀一千二

百兩贖罪等情嘉慶十一年十月十三日奉

硃批刑部議奏欽此欽遵於十五日抄出到部臣等
檢查原案黃寶訓係廣西鬱林州貢生因嘉慶
八年伊父黃泳揚該欠吴氏銀兩將田畝暫交
抵欠吴氏將田批給李潮經佃種該犯之母陳
氏以田係暫抵吴氏不應專主另佃前往阻耕
爭鬧被李潮經砍傷頂心倒地該犯救護奪刀

抵戳致傷李潮經右肋殞命將黄寶訓革去貢
生依鬪殺律擬絞監候秋審緩決一次又羅志
献又懷集縣民人因嘉慶六年價買陳姓杉木
當即交銀尚未烙號被陳姓復賣與莫梁氏之
子莫一冠嗣該犯前往烙號梁氏查問該犯向
其理論被其揪辮拾石欲毆該犯恐被打傷拳

毆梁氏右肋跌倒磕傷心坎等處殞命將羅志
猷依鬬殺律擬絞監候秋審緩決三次恭逢本
年正月初四日
恩旨將黄寶訓羅志猷俱減為杖一百流三千里等
因奏結各在案查定例犯斬絞罪名者貢生捐
銀二千兩平人捐銀一千二百兩准其免罪又

乾隆二十三年三月二十三日奉
旨斬絞緩決各犯納贖之例着永行停止俟遇有恩赦
減等有憚於遠行者再准收贖而贖鍰則仍照原擬
罪名不得照減等之罪欽此欽遵在案今據該撫奏
稱一稱據黃寶訓之父黃泳揚呈請照貢生犯死罪
例捐銀二千兩為子贖罪羅志猷之子羅建綺

呈請照平人死罪例捐銀一千二百兩代父贖

罪臣等核與流犯捐贖之例相符黄寶訓羅志

猷似應俱准其贖罪為此謹

奏請

旨嘉慶十一年十月二十四日奏本日奉

旨准其贖罪欽此

刑部謹

奏爲遵

旨議奏事內閣抄出護理安徽巡撫布政使鄂　奏

合肥縣減等流犯孫必達因戳傷巫金華身死

擬絞監候秋審緩決兩次恭逢本年正月初四

日

恩旨減流今據伊父孫善章呈請照例捐銀一千二
百兩爲子贖罪等情嘉慶十一年十月二十七
日奉
硃批刑部議奏欽此欽遵於三十日抄出到部臣等
檢查原案緣孫必達係安徽合肥縣民人嘉慶
七年九月二十五日孫必達赴集買牛適巫金

華趕驢走至被驢後滚肘之木掛住衣襟孫必達斥詈巫金華瞎眼巫金華回罵孫必達拔刀欲戳其驢巫金華轉身護驢致傷巫金華朴毆孫必達用刀嚇抵適傷巫金華額顱次日殞命將孫必達依鬪殺人律擬絞監候秋審緩決兩次恭逢本年正月初四日

恩旨減爲杖一百流三千里等因奏結在案查定例
平人犯斬絞罪名者捐銀一千二百兩准其免
罪又乾隆二十三年三月二十三日奉
旨斬絞緩決各犯贖罪之例着永行停止俟遇有恩赦
等減有悼于遠行者再准收贖而贖鍰則仍照原擬
罪名不得照減等之罪欽此欽遵在案今據該撫奏

稱據減等流犯孫必達之父孫善彰呈請照例
捐銀一千二百兩為子贖罪核與減等流犯贖
罪之例相符孫必達似應准其贖罪為此謹
奏請
旨嘉慶十一年十一月初八日奏本日奉
旨准其贖罪欽此

刑部謹

奏為請

旨事乾隆元年三月二十六日奉

旨贖罪一條原係古人金作贖刑之義況在內由部臣

奏請在外由督撫奏請皆屬斟酌情有可原者方准

納贖其事尚屬可行嗣後將贖罪一條仍照舊例辦

理欽此又乾隆四十八年臣部具奏嗣後在部呈請
贖罪之案倣照吏部辦理廢員捐復之例毋論
准駁俱開列案情彙摺具奏等因奉
旨依議欽此欽遵各在案今據軍犯陳同傑之孫陳槐
卿呈請代祖贖罪等情臣等謹將該犯犯罪原
案情節恭呈

御覽
一陳同傑係廣東新會縣人捐職州同充當族正
嘉慶五年因雇令族人陳明剛陳茂南父子看
守沙田嗣陳茂南於八年四五六月聽從吴仔
仔等屢次行劫拒死兵勇陳明剛於是年八月
聽從李象開等結盟拜會圖劫村庄經營縣將

吴仔仔李象開等拿獲擬以凌遅斬絞發遣陳
茂南等在逃未獲審明陳同傑雖無窩盜入會
情事亦不知陳明剛等逃匿下落惟陳同傑雇
令陳明剛等看守沙田已經多載雖非佃僕而
受其工資聽其指使寔與佃僕無異陳明剛等
為盜結會俱在陳同傑雇看沙田之時其事發

在逃又給工穀養其家口實屬知情故縱將陳
同傑革去州同職銜照佃僕為盜大戶知情故
縱例發附近充軍等因奏結在案今據伊孫候
補光禄寺署正陳槐卿以伊祖係鄉愚畏禍不
敢舉報且年届七旬現成疾疾呈請照六品官
贖軍罪例加倍捐銀四千八百兩為祖贖罪等

情臣等查陳同傑身為族正有稽查管束之責
乃於陳茂南等行劫結會匿不舉報且於各犯
事發在逃之後仍給工資養贍家口情罪較重
陳同傑似應不准其贖罪為此謹
奏請
旨嘉慶十一年十二月初六日奏本日奉

旨依議欽此

刑部謹
奏為遵
旨議奏事内閣抄出護理江蘇巡撫布政使胡　奏
無錫縣減等流犯已革監生趙小三祖母趙孫
氏呈請照例捐銀二千兩為孫贖罪等因嘉慶
十一年十一月二十三日奉

硃批刑部議奏欽此又福建巡撫溫　奏馬巷廳減
等流犯黃含之母黃陳氏呈請照例捐銀一千
二百兩為子贖罪等因嘉慶十一年十一月二
十四日奉
硃批刑部議奏欽此欽遵倶于二十六日抄出到部
臣等檢查原案緣趙小三係江蘇無錫縣監生

嘉慶十年正月間有舊匪范阿大潜赴伊家偷竊被工人劉長德等獲住銷于趙姓宗祠欲俟趙小三報官趙小三因聞賊人如吃醋滷即行咳嗽不能爲匪即將范阿大捆住灌服醋滷范阿大越日殞命將趙小三革去監生照擅殺罪人律擬絞監候又黄含係福建馬巷廳民人因

陳溪與伊堂叔黃侃口角爭毆該犯同黃字宔
黃利等瞥見喝阻陳溪疑其幫護用鋤向毆黃
字宔用扁擔挑傷陳溪偏左黃利亦用尖挑戳
傷陳溪右腿黃含亦用竹串戳傷陳溪右肋透
內至夜殞命將黃含依共毆致死以傷重者坐
罪例擬絞監候恭逢嘉慶十一年正月初四日

恩旨將趙小三黄含俱減為杖一百流三千里等因

奏結在案　查定例貢監生犯斬絞罪名者

捐銀二千兩平人捐銀一千二百兩准其免罪

又乾隆二十三年三月二十三日奉

旨斬絞緩決各犯納贖之例着永行停止俟遇有恩赦

減等其悼于遠行者再准收贖而贖鍰則仍照原擬

罪名不得照減等之罪欽此欽遵在案今各該撫奏
稱據江蘇省減等流犯已革監生趙小三祖母
趙孫氏呈請照例捐銀二千兩為孫贖罪福建
省減等流犯民人黄含之母黄陳氏呈請照例
捐銀一千二百兩為子贖罪臣等核與減等流
犯贖罪之例相符趙小三黄含似應俱准其贖

罪爲此謹
奏請
旨嘉慶十一年十二月初六日奏本日奉
旨依議欽此

刑部謹

奏爲請

旨事乾隆元年三月二十六日奉

旨贖罪一條原係古人金作贖刑之義況在内由部臣

奏請在外由督撫奏請皆屬斟酌情有可原者方准

納贖其事尚屬可行嗣後將贖罪一條仍照舊例辦

理欽此又乾隆四十八年臣部具奏嗣後在部呈請
贖罪之案倣照吏部辦理廢員捐復之例毋論
准駁俱開列案情彙摺具奏等因奉
旨依議欽此欽遵各在案今據擬徒官犯原任山東濱
州知州張東魯之叔張大成呈請照例捐銀一
千六百兩爲姪贖罪又擬徒已革監生李崇詔

之祖母李王氏呈請照例捐銀八百兩為孫贖
罪各等情臣等謹開列該犯等犯罪案情恭呈
御覽
一張東魯原任山東濱州知州因該州民人王學
孔等屢次奪犯傷差經上司通飭嚴拿張東魯
於到任數日後即帶同把總吏目親往查拿王

學孔起意商同王文遠等持械抗拒擲傷差役
致被差役顧恩等將王學孔王文遠毆傷先後
殞命張秉魯恐干處分均報爲受傷後因病身
死經該撫審明將顧恩依擅殺律擬絞監候該
州張秉魯失出顧恩絞罪照失出減五等放而
還獲又減一等律杖六十徒一年奏結在案今

據伊叔張大成以該犯被參之後愧悔悚惧染怔忡病症恐到配遣誤差使情愿照例捐銀一千六百兩為姪贖罪等情臣等查張秉魯失出顧恩死罪並無聽囑受賄情尚可原惟係職官可否准其贖罪之處恭候

欽定

一李崇詔係山東歷城縣監生因伊父李友杜前
任直隸臨榆縣時恭逢嘉慶十年
盛京大差囑李崇詔妥辦差次應備物件李崇詔
聽信長隨黄五等誆騙之詞借當銀錢付給打
點旋被拿獲審明黄五等寔係藉差誆騙冀圖
漁利將黄五等擬軍李友杜革職該犯李崇詔

革去監生照以財行求例杖一百徒三年逓籍
充徒奏結事在
恩詔以前並不准其援減各在案今據伊祖母李王
氏呈稱該氏現年八十三歲伊子李友杜於革
職後病故僅有孫崇詔一人相依為命情愿照
例捐銀八百兩為孫贖罪等情臣等查李崇詔

隨父辦差借當銀錢付給長隨黄五打點問擬
滿徒寔屬罪所應得惟究係被人誆騙且伊祖
母王氏年逾八十伊父於革職後病故只有該
犯一人可否准其贖罪之處恭候
欽定為此謹
奏請

旨嘉慶十一年十二月十七日奏本日奉

旨准其贖罪欽此

刑部為請
旨事乾隆元年三月二十六日奉
旨贖罪一條原係古人金作贖刑之義況在內由部臣
奏請在外由督撫奏請皆屬斟酌情有可原者方准
納贖其事尚屬可行嗣後將贖罪一條仍照舊例辦
理欽此又乾隆四十八年臣部具奏嗣後在部呈請

贖罪之案傚照吏部辦理廢員捐復之例毋論
准駁俱開列案情彙摺具奏等因奉
旨依議欽此欽遵各在案今據擬流人犯張震聲之弟
張明紳呈請照例捐銀七百二十兩代兄贖罪
等情臣等謹將該犯犯罪案情恭呈
御覽

一張震聲係直隸天津縣人充當該縣户書嘉慶四五等年該犯辦理施捨粥廠棉衣等事曾向貢生賀有年兩次勸捐過京錢四百五十八千迨賀有年因家計貧乏於六年間以勸捐等詞呈控經縣書張雲峯等邀同張震聲孟鐸調處張震聲等畏其拉累應許募給銀一千兩嗣張

震聲等措湊不齊説明給銀五百兩賀有年應
允當給銀四百五十兩尚短五十兩未付賀有
年復又控告又經張雲峯等説合於找給五十
兩外添給銀一百五十兩賀有年具進息呈完
案比賀有年貪心未已復聲稱欲赴京控告希
圖張震聲等聞知畏懼添足一千兩之數張震

聲等因其需索無厭置之不理賀有年即以勒
捐等情赴都察院呈控奏蒙
欽派戶部侍郎托　會同長蘆盐政李　審明張震
聲勸捐錢文並非科歛亦無從中分肥情事惟
於賀有年呈控之後兩次聽從張雲峯等説合
給銀六百五十兩即屬賄和將張震聲依有事

以財行求與受財人同科無祿人不枉法贓一
百二十兩以上罪止杖流例杖一百流三千里
事犯在十一年正月初四日
恩旨以前不准援減等因奏結在案今據伊弟張明
紳以該犯素患吐血病症獲罪後愧急交加舊
病復發呈請照例捐銀七百二十兩代兄贖罪

等情臣等查張震聲勸捐錢文業經訊無科斂
分肥情事其聽從張雲峯等說合給銀係因畏
畏所致與實在有事以財行求賄和者有間可
否准其贖罪之處恭候
欽定爲此謹
奏請

旨嘉慶十二年三月初六日發報具奏初八日報到
奉
旨准其贖罪欽此

刑部謹
奏為遵
旨議奏事內閣抄出安徽巡撫初　奏滁州擬徒減
杖生員魏頡融之子魏如泉呈請照例捐銀八
百兩為父贖罪又擬徒減杖捐職州同濮大鍾
之祖濮延呈請照例捐銀一千六百兩為孫贖

罪等因一摺嘉慶十二年二月三十日奉
硃批刑部議奏欽此欽遵抄出到部臣等檢查原案
緣魏頡融係生員於嘉慶十年十月間送子魏
如源赴滁州應考濮大鍾係捐職州同亦於是
月送弟濮祁應考來州有柏萬年起意哄誘童
生謀幹進學令販賣筆墨之潘升等勾引應考

人揑稱現有門路誘令買求進學寫立銀票給
與坐號紙條即串人闖入搶獲挾制詐騙潘升
等應允隨哄誘魏頊融等買求進學魏頊融被
誘允從言明魏頊融辦子魏如源一名給銀四
百五十兩濮大鍾辦弟濮祁一名給銀二百四
十兩各寫立票約潘升等給與坐號紙條正在

講論柏萬年等即闖入搶獲紙條銀票扭住魏
頡融等聲言送官魏頡融等求釋柏萬年等即
令照票兑銀方可免送魏頡融等畏懼應允隨
各照数付給銀兩旋被訪獲稟辦審明柏萬年
潘升等設計詐騙屬寔除柏萬年等依例擬單
外將魏頡融革去生員濮大鍾革去州同職銜

均依被騙生童例杖一百徒三年事犯在十一
年正月初四日
恩旨以前俱減為杖一百等因奏結在案查定
例官員貢監生員有犯軍流減徒及徒減杖者
俱照原犯罪名捐贖又生員犯徒罪者捐銀八
百兩六品官犯徒罪者捐銀一千六百兩俱准

免罪今據該撫奏稱魏頡融之子魏如泉濮大鍾之祖濮延俱情原變産照原犯徒罪捐銀為魏頡融濮大鍾贖罪臣等核其情節究係被人哄騙所致且業經援

赦減杖魏頡融濮大鍾似應准其贖罪為此謹

奏請

旨嘉慶十二年三月十三日奏本日奉
旨准其贖罪欽此

刑部謹

奏為遵

旨議奏事內閣抄出湖南巡撫景　奏漵浦縣減等

軍犯向志尚清泉縣減等流犯王加存湘鄉縣

減等流犯已革捐職從九品陳元輔均呈請贖

罪等因一摺嘉慶十二年三月初三日奉

硃批刑部議奏欽此

欽遵抄出到部臣等檢查原案

緣向志尚係湖南溆浦縣人嘉慶二年因胞兄

向大用在旗兄向志桐店內賭博該犯理勸向

大用當即散場向志桐輸錢嗔恨斥伊不應吵

散向罵並用搶毆打該犯情急取刀抵格適向

大用從旁攔勸該犯收手不及致悞傷向大用

右手背殞命將向志尚依弟毆胞兄死律擬斬
立決奉
旨改為斬候秋審由實改緩四次又王加存係湖南
清泉縣民人嘉慶七年因族人王可興佃種伊
伯田畝欠租不還該犯向其斥責被其用扁擔
毆傷右肩甲偏右該犯用棍格毆致傷王可興

脚面偏左殞命將王加存依鬪殺律擬絞監候
秋審緩決二次又陳元輔係湖南湘鄉縣捐納
從九品職銜嘉慶八年因大功堂兄陳萬育家
雇工周信一未將驢頭喂飽向斥復因周信一
將冷茶給吃又向斥罵周信一回詈該犯舉脚
向踢適傷其腎囊殞命將陳元輔依毆大功親

雇工致死律擬絞監候均恭逢十一年正月初
四日
恩旨將向志尚減發極邊充軍王加存陳元輔俱減
為杖一百流三千里等因奏結在案　查定
例犯斬絞罪名者平人捐銀一千二百兩七品
以下官捐銀二千五百兩准其免罪又乾隆二

十三年三月二十三日奉
旨斬絞緩決各犯納贖之例著永行停止俟遇有恩
赦減等其憚於遠行者再准納贖而贖鍰則仍照
原擬罪名不得照減等之罪欽此欽遵在案今該
撫奏稱向志尚家屬向素川及王加存之母王
唐氏照例各捐銀一千二百兩陳元輔之母陳

易氏照例捐銀二千五百兩均代為贖罪臣等
查向志尚係誤傷胞兄至死服制攸關似應不
准贖罪王加存係尋常鬪毆陳元輔係毆死親
屬雇工核與減等流犯贖罪之例相符王加存
陳元輔似應均准其贖罪為此謹
奏請

旨嘉慶十二年三月二十日奏本日奉
旨依議欽此

刑部謹
奏為遵
旨核議具奏事內閣抄出四川總督勒　奏江油縣
減等流犯周明玉之兄周明星等呈請照例捐
銀一千二百兩為弟贖罪又仁壽縣減等流犯
李宗瓏之父李自仲呈請照例捐銀一千二百

兩為子贖罪等因一摺嘉慶十二年五月十三
日奉
硃批刑部核議具奏欽此欽遵抄出到部臣部檢查
原案緣周明玉係四川江油縣民人因王宗勒
令該犯弟兄承買由產未肯成交王宗至該犯
家吵鬧扭住伊兄周明陞理論並將周明陞之

妻陳氏毆傷周明陞亦將王宗毆傷王宗復將
周明陞按地不放該犯趨至拾石毆傷其左臁
肕殞命將周明王依共毆人致死律擬絞監候
秋審緩決二次又李宗瓏係四川仁壽縣民人
因王起理探親轉回天黑難行路過該犯草房
開門進內欲圖借宿經該犯工人韓潮鳴瞥見

疑係賊人聲喊該犯持棍捉拿戳傷其左乳並
連毆其左肋左脚踝倒地該犯之父李自仲踵
至因其詈罵不止亦用棍毆傷其右脚踝以致
左脚踝骨損越日殞命將李宗瓏依共毆人致
死律擬絞監候秋審應入緩決恭逢嘉慶十一
年正月初四日

恩旨將周明玉李宗瓏俱減為杖一百流三千里等
因在案查定例犯斬絞罪名者平人捐銀一千
二百兩准其免罪又乾隆二十三年三月二十
三日奉
旨斬絞緩決各犯納贖之例著永行停止俟遇有恩赦
減等其憚於遠行者再准收贖而贖鍰則仍照原擬

罪名不得援減等之罪欽此欽遵在案今該督奏稱
據減等流犯周明玉之兄周明星等並李宗瓏
之父李自仲呈請照例各捐銀一千二百兩為
周明玉李宗瓏贖罪臣等核與減等流犯贖罪
之例相符周明玉李宗瓏似應俱准其贖罪為
此謹

奏請
旨等因嘉慶十二年六月初九日奏本日奉
旨准其贖罪欽此

贖罪處底檔

十五年至十八年

刑部為請

旨事
乾隆元年三月二十六日奉

旨贖罪一條原係古人金作贖刑之義況在内由部臣

奏請在外由督撫奏請皆屬斟酌情有可原者方准

納贖其事尚屬可行嗣後將贖罪一條仍照舊例辦

理欽此又乾隆四十八年臣部具奏嗣後在部呈請

贖罪之案倣照吏部辦理廢員捐復之例毋論
准駁俱開列案情彙摺具奏等因奉
旨依議欽此欽遵各在案今據擬徒官犯馮鈺之父
馮思善呈請捐銀一千兩代子贖罪又據擬流
常犯喬乞文之母喬王氏呈請捐銀七百二十
兩代子贖罪各等情臣等謹開列該犯等犯罪

情節恭呈

御覽

一馮鈺係原任直隸獻縣知縣因縣民李有立被族兄李仁喝令李六等毆傷身死將屍撩入井內揑報自行投井報經該縣馮鈺前往相驗屍身已被浸脹仵作報出額顱自砸傷痕馮鈺並

未詳細辨認即據報填格審將李六擬以枷杖
經屍妻李王氏赴京呈控奏奉
諭旨派員前往檢驗明確係被毆傷身死後撩入井
內叅奏革職集犯審明並無有心故出情事除
主使為首罪應擬絞之李仁業經病故聽從下
手之李六並帮同抬屍各犯及仵作分别擬以

流徒外將馮鈺依官吏檢驗不實斷罪失出者
減五等放而還獲聽減一等律於李仁絞罪上
絞減六等杖六十徒一年等因奏結於本年三
月內劄發順天府定地充徒在案今據伊父馮
思善呈稱現年六十五歲賴子侍養近接來信
知其自獲罪發配後迄今數月愧悔交集現患

失紅之症恐致在配貽悞差使更獲罪譴父子
至親想念情切情愿變產照例繳銀一千兩代
子贖罪等情臣等查馮鈺失出李仁死罪尚無
聽囑受賄情事惟係職官可否准其贖罪之處
恭候
欽定

一喬允文係江蘇安東縣人因與王張氏甥女陳
氏通姦陸續資助銀錢食物王張氏及陳氏義
母陳張氏貪利縱容嗣該犯與陳氏情厚陳氏
自愿嫁與該犯作妾誓不另嫁該犯亦決意圖
娶言明財禮銀三百兩以作陳張氏領養之資
追該犯無從措銀被王張氏譏笑該犯與之爭

角陳氏聽聞将該犯拉進房内向其盤問措銀
緣由恐非真心欲娶該犯遂将伊父查知花費
屢次訓斥並囑咐親友不許借給銀錢以致無
可措辦詎陳氏戀姦情密願嫁之心甚堅一聞
此言即哭泣不止聲言原望終身倚靠今大失
所望将來結無結局不如一死乾淨該犯亦以

無處措銀成就親事已懷悲欝又見陳氏欲死
倍覺悽慘難堪亦欲一同短見陳氏隨抜刀遞
給該犯令其戳伊咽喉該犯接刀連戳陳氏兩
下自刎五下經王張氏趕救陳氏移時殞命該
犯遇救得生審將喬允文照姦夫姦婦商謀同
死姦婦當即殞命姦夫業經自戕醫治傷痊例

杖一百流三千里事犯在嘉慶十四年正月初

一日

恩詔以前不准援減等因咨結在案今據伊母喬王

氏呈稱氏子擬流固屬孽由自取奈氏夫廷佐

年老多病氏亦衰年孱弱難以奉侍若任聽氏

子赴配氏夫婦二人必難存活且氏子自獲罪

監禁憂鬱現患癆症恐不能起解今情愿照例
繳銀七百二十兩代予贖罪等情臣等查裔允
文因姦釀命情節較重似應不准其贖罪為此
謹
奏等因嘉慶十五年八月二十五日發報具奏九
月初一日報到八月二十八日奉

旨馮鈺喬允文俱著准其贖罪欽此

刑部為請
旨事乾隆元年三月二十六日奉
旨贖罪一條原係古人金作贖刑之義況在內由部臣
奏請在外由督撫奏請皆屬斟酌情有可原者方准
納贖其事尚屬可行嗣後將贖罪一條仍照舊例辦
理欽此又乾隆四十八年臣部具奏嗣後在部呈請

贖罪之案倣照吏部辦理廢員捐復之例無論
准駁俱開列案情彙摺具奏等因奉
旨依議欽此欽遵各在案今據擬徒官犯張世倬之姪
孫張通阿呈請捐銀二千兩代為贖罪等情臣
等謹開列該犯犯罪案由恭呈
御覽

一張世倬係原任廣東廉州府知府因承修船隻
請領修價銀二十七兩零近年木植昂貴例價
不敷又因遠處採買載運艱難未經興修各船
均有損壞嗣該府所屬欽州有洋面漂來空盜
船三隻該員欲將盜船抵作承修之船札囑知
州劉光暉商辦不遂適該州有陳仕全命案觧

府審轉張世倬提訊犯供翻異駁回另審該州
心疑張世倬因船隻不為妥妥有意刁難即具
稟督撫會同叅奏審明陳仕全之犯張世倬實
因案犯屢次翻供慎重推求並非有心苛駁至
損壞船隻業經估計折造需銀一千二百餘兩
同前領修價已據張世倬照數賠繳其欲將盗

艇作抵雖事尚未成即係侵欺查盜船估值銀九十餘兩張世倬應革職依監守盜一百兩以下律准徒五年未便因其贓已完繳援例寬免係旂人解部辦理等因奏結在案今據伊姪孫張通阿呈稱叔祖張世倬在粵常赴沿海捕盜身受潮濕海風更兼途中感冒風寒現在腰脊

染患麻痛病症艱於起立步履情愿照例捐銀
二千兩代爲贖罪等情臣等查張世倬係屬職
職官可否准其贖罪之處恭候
欽定爲此謹
奏請
旨嘉慶十五年十月十二日奏本日奉

旨張世倬著准其贖罪欽此

刑部為請

旨事乾隆元年三月二十六日奉

旨贖罪一條原係古人金作贖刑之義況在内由部臣

奏請在外由督撫奏請皆屬斟酌情有可原者方准

納贖其事尚屬可行嗣後贖罪一條仍照舊例辦理

欽此又乾隆四十八年臣部具奏嗣後在部呈請

贖罪之案倣照吏部辦理廢員捐復之例毋論
准駁俱開列案情彙摺具奏等因奉
旨依議欽此欽遵各在案今據擬軍已革捐納守禦所
千總職銜秦成玉之母秦馬氏呈請加倍捐復
四千八百兩代子贖罪等情臣等謹開列該犯
犯罪情節恭呈

御覽

一秦成玉係捐納守禦所千總職銜開張錢舖生
理與大通橋車頭丁承祥素識該橋額設車頭
承辦運米歸倉照例支領車脚並准領黑豆聽
其變賣津貼丁承祥承辦運務因須墊發車價
常向秦成玉借錢秦成玉得利陸續借給嘉慶

四年八九月間丁承祥因運務緊急復向秦成
玉借銀八千兩言明於所領車脚内清還旋又
借錢三千二百吊言明將所領豆石抵給並令
同夥散車户李光耀等聯名立票嗣丁承祥因
虧空局錢犯案擬流家産抄没入官迨八年李
光耀接充車頭秦成玉聞知憶及借票内列有

李耀光姓名欲令李光耀於所領脚價内每卯還銀一千兩並索豆石算為利息李光耀以所領脚價豆石均係官項不能代還私債未經允許九年秦成玉復向索討李光耀仍未應允秦成玉隨令伊族姪秦一往搶李光耀領銀換錢賬目秦一誤將運米賬簿搶回給看秦成玉斥

其誤拿當令送還經李光耀回明監督拿獲秦
一等稟經倉塲侍郎奏交臣部審将秦成玉革
去職銜比照詐欺取財律擬流加等發附近充
軍其借給丁承祥銀錢毋庸給還等因奏結於
九年發配江蘇甘泉縣安置嗣據伊母秦馬氏
呈請捐銀二千四百兩代為贖罪經臣部議以

不准並恭逢十二年十四年兩次
恩旨擬以不准減等先後題奏各在案今復據伊母
馬氏呈稱氏現年八十四歲孀守四十餘載只
此一子賴伊侍養今自成玉發配之後業已七
年日夜思子悲泣現在兩目失明近接氏子來
信知氏盲病交加痛母情切更兼身受潮濕兩

腿麻木已成残廢令氏情愿變產加一倍共捐銀四千八百兩代子贖罪等情臣等查秦成玉之母馬氏年老孀守無人侍養呈請加倍捐銀代子贖罪情詞懇切可否准其贖罪之處恭候

欽定為此謹

奏請

旨嘉慶十五年十一月初六日奏本日奉

旨准其贖罪欽此

刑部為請
旨事乾隆元年三月二十六日奉
旨贖罪一條原係古人金作贖刑之義況在內由部臣
奏請在外由督撫奏請皆屬斟酌情有可原者方准
納贖其事尚屬可行嗣後將贖罪一條仍照舊例辦
理欽此又乾隆四十八年臣部具奏嗣後在部呈請

贖罪之案倣照吏部辦理廢員捐復之例毋論
准駁俱開列案情彙摺具奏等因奉
旨依議欽此欽遵各在案今據擬徒已革捐納州同職
銜皮宗菁之兄皮芷溪呈請捐銀一千六百兩
代弟贖罪等情臣等謹開列該犯犯罪案情恭
呈

御覽

一皮宗菁係湖南沅江縣人捐納州同職銜因該縣濵臨洞庭支流汊港洲地頗多水漲成河水落成地高處每產蘆草向係附近居民完課分管皮宗菁原管六百畝嗣因同縣人葛元太等爭佔洲草呈控經該省委員勘丈明確皮宗菁

現管一千餘畝審将皮宗菁革去職銜依侵佔
官田律杖一百徒三年至所墾官荒訊明係開
墾未久收獲花利抵敷工本不能多餘應予免
追其原徵額糧按數撥給餘田入官招佃承種
徵租等因奏結在案今據伊兄皮芷溪以伊弟
幼患吐血病症自獲罪後愧悔交迫舊病復發

若力疾赴配恐致貽誤差使更獲罪譴情愿變
產照例捐銀一千六百兩代弟贖罪等情臣等
查皮宗菁多管荒田固屬侵佔惟所佔之地本
係長落無定且開墾未久可否准其贖罪之處
恭候
欽定為此謹

奏請
旨嘉慶十五年十一月十八日奏本日奉
旨准其贖罪欽此

刑部為請

旨事乾隆元年三月二十六日奉

旨贖罪一條原係古人金作贖刑之義況在内由部臣

奏請在外由督撫奏請皆屬斟酌情有可原者方准

納贖其事尚屬可行嗣後將贖罪一條仍照舊例辦

理欽此又乾隆四十八年臣部具奏嗣後在部呈請

贖罪之案倣照吏部辦理廢員捐復之例無論
准駁俱開列案情彙摺具奏等因奉
旨依議欽此欽遵各在案今據擬軍人犯高七之母高
來氏呈請加兩倍二千一百六十兩代子贖罪
等情臣等謹開列該犯犯罪案情恭呈
御覽

一高七係大興縣人，因曾充花戶告退後開設錢鋪，於嘉慶七年間花戶尉七等與領催阿洪等商同送給叅領德喜等費錢文，俱交存高七鋪內，開票轉付，高七於每吊扣得底子錢二三十文，將高七與尉七等俱照書役索詐十兩以上例擬發近邊充軍等因奏結，於九年發配江蘇

丹徒縣安置嗣據伊母高來氏呈請加倍贖罪
經　臣部議以不准並恭逢十二十四年兩次
恩旨擬以不准減等先後題奏各在案今復據伊母
高來氏以現年八十三歲本有痰疾年來日就
沉篤加之氏夫亦因痛子遠離日夜悲若於本
年九月間病故氏舉目無親阽危床褥實有朝

不保暮之勢惟日盼氏子得見一面餘年亦無
所戀且氏子到配七載現在父死母病危在旦
夕急圖一見以慰残喘情愿告貸親屬再加一
倍共捐銀二千一百六十兩代子贖罪等情查
高七之母高來氏因年老患病思念伊子呈請
加兩倍捐銀代子贖罪情詞懇切可否准其贖

罪之處恭候

欽定為此謹

奏請

旨嘉慶十五年十二月二十四日奏本日奉

旨准其贖罪欽此

刑部謹
奏為請
旨事乾隆元年三月二十六日奉
旨贖罪一條原係古人金作贖刑之義況在內由部臣
奏請在外督撫奏請皆屬斟酌情有可原者方准納
贖其事尚屬可行嗣後將贖罪一條仍照舊例辦理

欽此又乾隆四十八年臣部具奏嗣後在部呈
請贖罪之案倣照吏部辦理廢員捐復之例毋
論准駁俱開列案情彙摺具奏等因奉
旨依議欽此欽遵各在案今據擬徒官犯徐東鈴之母
林氏呈請繳銀二千兩代子贖罪等情臣等謹
開列該犯原犯情節恭呈

御覽
一徐秉鈴係山西候補知府於署平陽府知府任
内有太平縣孀婦儀衛氏並無子嗣族人覬覦
遺産均圖爭繼衛氏赴府呈控徐秉鈴斷令聽
衛氏自行擇立取結完案衛氏旋即擇立儀渭
陽胞弟儀華陽為嗣赴府呈明儀渭陽慮恐族

人争告慫恿衛氏令儀華陽赴府投拜門生衛
氏應允時徐秉鈴業已卸事因候交代尚未回
省儀渭陽託伊戚王　維向徐秉鈴説允隨同
儀華陽前赴徐秉鈴寓所拜認門生嗣儀華陽
因知徐秉鈴眷屬在於閩省覯其接眷徐秉鈴
即託借盤費儀華陽告知衛氏借給元銀四千

兩立約起息陸續還過本利銀一千五百兩零
旋被參革審將徐秉鈐依借貸所部財物計贓
准不枉法論去官減在官三等律擬杖八十徒
二年等因奏結在案今據伊母徐林氏呈稱氏
現年七十六歲氏夫早故孀守多年撫養兩子
長子秉秀已於去春病故氏老多病止倚次子

東鈐養活別無倚靠煢煢孑立勢必即填溝壑
氏子自獲咎後愧悔交迫現患吐血病症令氏
情願變産繳銀二千兩代子贖罪等情臣等查
徐東鈐係屬職官可否准其贖罪之處恭候
欽定爲此謹
奏請

旨等因嘉慶十六年二月十七日奏本日奉

旨准其贖罪欽此

刑部謹
奏為請
旨事乾隆元年三月二十六日奉
旨贖罪一條原係古人金作贖刑之義況在內由部臣
奏請在外由督撫奏請皆屬斟酌情有可原者方准
納贖其事尚屬可行嗣將贖罪一條仍照舊例辦理

欽此又乾隆四十八年臣部具奏嗣後在部呈
請贖罪之案倣照吏部辦理廢員捐復之例毋
論准駁俱開列案情彙摺具奏等因奉
旨依議欽此欽遵各在案今據擬軍人犯崔三之兄崔
友義呈請捐銀七百二十兩代弟贖罪等情臣
等謹開列該犯原犯情節恭呈

御覽

一崔三係順天府大興縣人充當花户於嘉慶七
年間經鑲白旗領催阿洪阿等向花户尉七等
商允在兵丁領米車價内每石多增京錢四十
文尉七恐押旗放米之叅領德喜慶查知禁
阻阿洪阿向德喜等説明陸續收存錢文分給

德喜慶奎各京錢九百八十五吊各領催京錢
自十八吊至二百吊不等該花户崔三等各得
京錢二三十吊不等其所給德喜等錢文俱交
存曽充花户之高七錢舗内開票轉付高七每
吊扣底子錢二三十文除忝頒德喜慶奎依不
枉法贓律擬絞勒限完贓照例辦理領催阿明

阿等分别贜数擬以軍徒折枷外將崔三與尉
七高七等均依倉役詐贜十兩以上例擬發近
邊充軍等因奏結於嘉慶九年發配江蘇丹徒
縣安置恭十二年十四年兩次
恩旨均擬以不准減等先後題奏各在案今據崔三
之兄崔友義呈稱身弟到配已屆八年近接來

信知其在配身受潮濕腰腿已成殘廢情殊可
憫且同案問軍之高七已蒙
恩准贖罪身情關手足不忍膜視今向親友借貸情
願照例捐銀七百二十兩代贖罪等情臣等查
崔三同案之高七係已退花户開張錢舖扣得
底子錢文前據其母呈請贖罪經臣部擬以不

准具奏嗣復據其母以老病無倚情願加倍捐
贖臣部因其情詞懇切可否准其贖罪奏請
欽定奉
旨准其贖罪欽遵在案至該犯身充花户輒與領催
等串通向閑米人等多增車價情節較高七為
重崔三似應不准其贖罪為此謹

奏請
旨等因嘉慶十六年二月二十二日奏本日奉
旨依議欽此

刑部謹
奏為請
旨事乾隆元年三月二十六日奉
旨贖罪一條原係古人金作贖刑之義況在內由部臣奏
請在外由督撫奏請皆屬斟酌情有可原者方准納
贖其事尚屬可行嗣後將贖罪一條仍照舊例辦理

欽此又乾隆四十八年臣部具奏嗣後在部呈
請贖罪之案做照吏部辦理廢員捐復之例毋
論准駁俱開列案情彙摺具奏等因奏
旨依議欽此欽遵各在案今據擬徒官犯丁文鎮之父
丁埈呈請捐銀一千兩代子贖罪等情臣等謹
開列該犯犯罪案由恭呈

御覽

一丁文鎮係署江西大庾縣知縣有縣民李五瀧李長秀因姪女李氏自縊前往氏夫余昌先家吵鬧搶牛被控差拘李五瀧等拒捕經差稟縣驗訊李五瀧等不服審問該縣丁文鎮令皂役各掌責十五下李五瀧等供認前情丁文鎮又

令各杖責四十板李五瀧等復以屍親不應杖責嚷鬧丁文鏔將李五瀧等枷號嗣李五瀧受杖傷重發熱頭暈李長秀亦即咳血均各疎枷李五瀧李長秀先後因傷潰爛身死丁文鏔管門家人吳七因閔本官考成各給屍親洋錢三十元捏報病故並向丁文鏔回明丁文鏔恐致

敗露加罪即以患病之詞及曾經杖責之處稟
府委驗帷吳七賄和情事控不舉報經委員驗
明審實情叅奏將丁文鎮革職訊無授意賄和
將吳七依枉法贓律擬以滿徒丁文鎮照故縱
律與吳七同罪杖一百徒三年等因奏結在案
今據丁文鎮之父丁垓以伊子幼患失紅之症

自獲罪以來愧悔交迫舊病復發若力疾赴配
恐致悞公情願捐銀一千兩代子贖罪等情臣
等查丁文鑌刑斃二命復於家人行賄私和匿
不舉報情節較重丁文鑌似應不准其贖罪為
此謹
奏請

旨嘉慶十六年三月十五日奏本日奉

旨不准贖罪欽此

刑部謹

奏為遵

旨議奏事內閣抄出廣東巡撫韓奏新安縣減徒流

犯麥鹿鳴之父麥叶鰲呈請捐七百二十兩代

子贖罪等因一摺嘉慶十六年三月初六日奉

硃批刑部議奏欽此欽遵抄出到部臣等檢查原案

緣麥鹿鳴係廣東新安縣民於嘉慶十二年七
月十六日携帶鐵嘴禾鎗挑泥赴田修築田壆
泥擔撻污無服族兄麥柱畛衣服麥柱畛斥駡
致相爭鬧經族人麥欽傅見而勸觧麥柱畛斥
其扛帮舉拳向毆麥欽傅用刀戳傷其右膝盖
跑走麥柱畛追趕該犯麥鹿鳴攔阻被其舉拳

向打該犯順用禾鎗戳傷其胸膛倒地延至八
月十八日殞命審将麥鹿鳴依共毆人致死律
擬絞監候聲明麥柱畛死越三十二日係在保
辜正限之外照例奏請
定奪具題奉
旨麥鹿鳴毆傷麥柱畛至保辜限外身死著從寬免

死照例減等發落欽此當經臣部行令減為杖
一百流三千里恭逢十四年正月初一日
恩旨經臣部題准減為杖一百徒三年咨行遵照在
案今據撫奏稱例無保辜正限外身死減流作
何捐贖明文惟定罪以奉
旨為斷該犯於定案日即欽奉

諭旨減流復奏
恩旨減徒兹該犯之父呈請照流罪捐贖核與定例
相符等因具
奏前來查定例平人贖流罪捐銀七百二十兩准
其免罪又乾隆二十三年欽奉
諭旨各犯遇有恩赦減等贖罪仍照原擬罪名等因欽

此此案麦鹿鳴因戳傷麥柱畛辜限外身死係
例應聲請減流與原犯死罪援減者不同該犯
復奉
恩旨減徒自應仍照原犯十罪捐贖令伊父麥叶鰲
呈請繳銀七百二十兩代子捐贖流罪與例相
符麥鹿鳴似應准其贖罪等因嘉慶十六年三

月二十六日發報具奏二十九日到報奉

旨依議欽此

刑部謹
奏為請
旨事乾隆元年三月二十六日奉
旨贖罪一條原係古人金作贖刑之義況在內由部臣
奏請在外由督撫奏請皆屬斟酌情有可原者方准
納贖其事尚屬可行嗣後將贖罪一條仍照舊例辦

理欽此又乾隆四十八年臣部具奏嗣後在部呈請
贖罪之案倣照吏部辦理廢員捐復之例毋論
准駁俱開列案情彙摺具奏等因奉
旨依議欽此欽遵各在案今據徒人犯魏如愚之母張
氏呈請捐銀一千兩代子贖罪等情臣等謹開
列該犯犯罪案由恭呈

御覽

一魏如愚係直隸州捐職從九品有妻姪吳曰銂
祖居吳橋縣柘園鎮因該鎮撥歸山東德州管
轄吳曰銂之祖吳毓灉即在德州考試入學嗣
因墳墓均在吳橋於嘉慶二年呈明仍歸吳橋
縣原籍考試取結咨部十一年吳曰銂等赴縣

考試有生員段元魁等赴學攻許和考吳曰鍘
以該學訓導王樾蔭不容考試赴控經學政行
縣查明應歸吳橋縣考試詳結十二年魏如愚
因代吳曰鍘管理家務慮及吳曰鍘與王樾蔭
因考試訐訟恐王樾蔭介意當託生員吳恩同
等轉懇王樾蔭照拂應許吳曰鍘入學重謝十

三年五月吳曰鍘等赴縣考試又有廪生李培
以應否准其考試赴學請示王檵蔭以濫行送
考有干例禁仍欲扣考魏如愚又託吳思同等
説合許給王檵蔭銀一千兩因無現銀寫立字
據交王　蔭收執即將吳曰鍘等送考迨學政
按臨考試王檵蔭將字據火燬仍不送考魏如

愚又託吳思同等轉致王樾蔭先送京錢八百

千文求其送考王樾蔭不肯收受魏如愚與吳

曰錭即以王樾蔭勒索加考等詞先後赴府並

學政具控經府詳明學政准其收考王樾蔭旋

即卸事聞吳曰錭等業已准考隨砌冐考等詞

赴學政呈遞經學政會同總督將王樾蔭叅奏

查明吳曰鋓實係例應考試之人其聽許財物
於法尚無所枉除王檝蔭照聽許財物事不枉
者准不枉法論減等擬從重發黑龍江當差外
魏如愚未便以本犯並無罪名僅擬杖責應革
去從九品職銜依以財行求與受財人同科無
禄人減一等於王檝蔭滿徒上減一等杖九十

徒二年半等因奏結在案今據魏如愚之母張
氏以年逾六旬僅止如愚一子伊夫延祚因思
子成疾卧炕不起若一經發配必致二命均填
溝壑情願照例捐銀一千兩爲子贖罪等情臣
等查魏如愚因訓導王樾蔭屢將例應考試之
妻姪呉曰鋼扣考該犯代爲許銀酬謝與實因

犯罪以財行求者不同魏如愚似應准其贖罪

為此謹

奏請

旨嘉慶十六年閏三月十三日發報具奏十六日報

到奉

旨准其贖罪欽此

刑部謹
奏為請
旨事乾隆元年三月二十六日奉
旨贖罪一條原係古人金作贖刑之義況在內由部臣
奏請在外由督撫奏請皆屬斟酌情有可原者方准
納贖其事尚屬可行嗣後將贖罪一條仍照舊例辦

理欽此又乾隆四十八年臣部具奏嗣後在部呈請
贖罪之案倣照吏部辦理廢員捐復之例毋論
准駁俱開案情彙摺具奏等因奉
旨依議欽此欽遵各在案今據擬徒官犯汪世錫之子
汪士芳呈請捐銀一千兩代父贖罪等情臣等
謹開列該犯犯罪原案恭呈

御覽

一汪世錫原任館陶縣知縣該縣向來决囚斬犯係營兵行刑絞犯係捕役辦理地方預備絞椿汪世錫於奉到斬犯平二喜成勾决部文即知會把總李儒信派營兵李魁元行刑又令營兵丁與傑等帮辦詎地方王思孟因不知是何罪

犯恐臨時有悮先在決人之處備釘絞樁汪世
錫將平二喜成綁出揷標經捕役劉玉等架扶
前行李儒信乘馬帶兵並派令行刑之李魁元
押送汪世錫坐轎在後李儒信等押犯先到法
場聽聞砲響俱各忙亂李儒信見有絞樁一時
心忙誤認是絞隨口喝問誰備繩子捕役等聽

見該弁索繩誤會平二喜成應行處絞即將平
二喜成絞斃汪世錫聽聞砲響以為業已處決
即行回署旋經查明據實稟報叅奏審明實由
革弁李儒信聞炮心忙所致犯屬並無賄囑除
李儒信擬徒外汪世錫未便僅照應斬而絞律擬杖
六十應照違

制杖一百律上加一等杖六十徒一年等因奏結
在案今據汪世錫之子捐職州同汪士芳呈稱
職父自獲罪以來愧悔交集染患吐血病症若
帶病赴配恐致貽悞差使更獲罪譴情切天倫
不忍坐視情願照例捐銀一千兩代父贖罪等
情臣等查汪世錫係屬職官可否准其贖罪恭

候

欽定等因嘉慶十六年閏三月二十七日奏本日奉

旨不准其贖罪欽此

刑部謹

奏為請

旨事乾隆元年三月二十六日奉

旨贖罪一條原係古人金作贖刑之義況在內由部臣

奏請在外由督撫奏請皆屬斟酌情有可原者方准

納贖其事尚屬可行嗣後將贖罪一條仍照舊例辦

理欽此又乾隆四十八年臣部具奏嗣後在部呈請
贖罪之案傚照吏部辦理廢員捐復之例毋論
准駁俱開列案情彙摺具奏等因奉
旨依議欽此欽遵各在案今據擬遣官犯劉承澍之母
余氏呈請捐銀一萬兩代子贖罪等情臣等謹
開列該犯犯罪案由恭呈

御覽

一劉承澍係原任户部員外郎向來銀庫給發銀兩全以户部印劄為憑遇有支領事件由該部福建司辦稿呈堂標畫先行該員於嘉慶十四年在福建司主稿有王書常等三次假文冒領庫銀係該員承辦劄庫稿件呈畫先行訊無

通同舞弊情事擬發烏魯木齊効力贖罪復經
軍機大臣酌議該員罰賠庫項銀二萬兩等因
奏准嗣據烏魯木齊都統興奎奏已革内務府
郎中德音等先後抵戍飭派當差等因一摺欽
奉
上諭德音等八員著加恩俟到配一年之後即予釋

回該都統毋庸再行請旨至劉承澍於王書常等
假印文冒領銀款均由伊主稿劄庫惠崑因受奸
書矇混屢次代為繙繹假文情節較重此二人均
著俟到配三年後交該都統照例奏明請旨等因
欽此欽遵各在案今據劉承澍之母余氏呈請
竊氏子身為部員乃竟疎虞以失察奸胥獲咎

蒙
恩僅予遣戍已屬格外施仁氏何敢以烏烏私情妄
希寛貸伏念
皇上仁慈浩蕩凡臣民下悃無不曲予矜全氏夫劉
愛書寄居廣東三十餘年不克歸里氏依承澍
奉養現年六十六歲向有腿疾艱於行動近又

染患痰病致成癱瘓自承澍遣戍以來一載有
餘思子情切病勢日增竊恐殘喘餘生無相見
之日除應賠庫項銀二萬兩已於嘉慶十五年
四月二十日在部呈繳外令情願照五品官贖
軍流例二千四百兩上加三倍九千六百兩再
加銀四百兩共捐銀一萬兩代子贖罪俾氏母

團聚得遂待哺之私等情當經臣查據戶部覆
稱劉承澍罰賠銀兩業已照數完交惟係職官
可否准其贖罪之處恭候
欽定等因嘉慶十六年閏三月二十九日奏本日奉
旨劉承澍准其贖罪欽此

刑部謹
奏為請
旨事乾隆元年三月二十六日奉
旨贖罪一條原係古人金作贖刑之義況在內由部臣
奏請在外由督撫奏請皆屬斟酌情有可原者方准
納贖其事尚屬可行嗣後將贖罪一條仍照舊例辦

理欽此又乾隆四十八年臣部具奏嗣後在部呈請
贖罪之案倣照吏部辦理廢員捐復之例毋論
准駁俱開列案情彙摺具奏等因奉
旨依議欽此欽遵各在案今據擬軍人犯白琮揚之繼
母張氏呈請捐銀一千二百兩代子贖罪等情
臣等謹開列該犯犯罪案情恭呈

御覽

一白琮揚係陝西朝邑縣監生伊親母張氏早經物故伊父白梗　娶張氏為妻生有二子白梗在日将白琮揚弟兄分居白琮揚每遇酒後觸犯繼母經張氏呈送将白琮揚革監生照父母呈首子孫觸犯例擬發烟瘴充軍等因咨結在

案今據伊繼母張氏呈稱氏夫早故本有親生
二子長子於上年病故次子現成殘疾琮揚雖
非親生而撫如己出前因不聽訓誨一時氣忿
將伊呈送今琮揚在監半載有餘業已悔過自
新氏現因年衰無人奉祀伏思
皇恩浩蕩例有觸犯之人遇

赦准查詢父母願否釋回之條茲尚未逢
恩赦而氏想念情切願子回家情願照例捐銀一千
二百兩代為贖罪等情臣等查白琮揚係因繼
母張氏呈送擬軍今張氏情願該犯回家呈請
捐贖白琮揚似應准其贖罪為此謹
奏嘉慶十六年四月十三日奏本日奉

旨准其贖罪欽此

刑部謹
奏爲請
旨事乾隆元年三月二十六日奉
旨贖罪一條原係古人金作贖刑之義況在内由部臣
奏請在外由督撫奏請皆屬斟酌情有可原者方准
納贖其事尚屬可行嗣後將贖罪一條仍照舊例辦

理欽此又乾隆四十八年臣部具奏嗣後在部呈請
贖罪之案倣照吏部辦理廢員捐復之例無論
准駁俱開列案情彙摺具奏等因奉
旨依議欽此欽遵各在案今據擬徒議叙同知職銜王
起茂之孀母鮑氏呈請捐銀一千六百兩代為
贖罪等情臣等謹開列該犯犯罪案情恭呈

御覽

一王起茂係浙江錢塘縣人充當鹽商議敘同知

職銜嘉慶十五年該省鹽政奇玆家人劉泰私

向商人吳康成等借貸銀兩為伊主還賬以致

貼有匿名詩帖經號房沈鳳譚揭下外間漸已

傳播該犯王起茂向沈鳳譚抄録一張嗣與楊

瑞昌等共飲談及匿名詩句該犯取出與衆人
閱看旋經該省具奏奉
旨交前任閩浙總督方　等審辦經該督等審明劉
泰向商人借貸屬實其匿名詩句係何人編造
不得主名除奇玖劉泰擬遣並嚴緝匿名詩帖
正犯究辦外王起茂向沈鳳譚抄録揑名詩帖

轉為傳播例無治罪明文將王起茂革去同知
職銜比照投貼匿名文書告言人罪絞罪上量
減二等杖一百徒三年等因奏結在案今據王
起茂孀母鮑氏呈稱氏夫姪起茂早喪怙恃氏
現年七十四歲夫故無子相依為命且起茂素
患虛怯之症自獲罪監禁以來舊病復發若力

疾起配不惟氏風燭堪虞更恐其中途病斃則
氏終失倚靠之望令氏情願照五品贖徒罪例
捐銀一千六百兩代為贖罪等情臣等查王起
茂抄録匿名詩句其時外間業已傳播該犯僅
止抄寫一張給人閲看與代人投貼者不同情
節尚輕似應准其贖罪為此謹

奏嘉慶十六年五月初六日奏本日奉
旨准其贖罪欽此

刑部謹
奏為請
旨事乾隆元年三月二十六日奉
旨贖罪一條原係古人金作贖刑之義況在內由部臣
奏請在外由督撫奏請皆屬斟酌情有可原者方准
納贖其事尚屬可行嗣後將贖罪一條仍照舊例辦

理欽此又乾隆四十八年臣部具奏嗣後在部呈請
贖罪之案倣照吏部辦理廢員捐復之例毋論
准駁俱開列案情彙摺具奏等因奉
旨依議依欽此欽遵各在案今據擬徒官舵丁錫綬之
庶母孟氏呈請繳銀一千六百兩代為贖罪又
據擬徒人犯孫大之父孫賡光呈請繳銀四百

八十兩代為贖罪各等情臣等謹開列各犯犯

罪案情恭呈

御覽

一丁錫綬係山東諸城縣人捐納同知分發河南

試用旋即告病回家與繼妻張氏素不和睦時

常毆詈嘉慶十四年七月丁錫綬帶妾秋香并

幼孩等赴莊修屋十月十五日回家探望十八
日丁錫綬復與張氏口角順取小木棒槌毆傷
張氏頭顱至十一月二十七日因傷殞命丁錫
綬畏懼當即棺殮經屍兄張沅盤出毆打情由
控縣傳訊丁錫綬畏罪不認兩次檢驗張氏實
係因傷身死經陞任山東巡撫吉　審明張氏

死越三十九日係在他物傷正限二十日餘限十日之外應從本毆傷法科斷夫毆妻非折傷應勿論將丁錫綬奏請革職經臣部以丁錫綬毆傷伊妻張氏身死畏罪不吐實供以致伊妻屍身兩遭蒸檢將丁錫綬革職比照毀期親卑幼死屍律杖七十徒一年半等因奏結在案今

據伊庶母孟氏呈稱家長弟二人俱經早故遺子錫綬並無兄弟錫綬現雖有子尚未成丁氏年逾七旬伊孀居弟婦黃氏均賴伊生計煢煢孤寡相依為命且錫綬自獲罪後愧悔交廹現患失紅病症若力疾赴配恐寡婦孤兒兩難存活氏情願變產繳銀一千六百兩代為贖罪等

情臣等查錫綬係屬職官可否准其贖罪之處
恭候
欽定
一孫大係山東福山縣人來京在趙二米局内帮
夥因馬甲孟三沈二等偷竊太平倉米石該犯
屢次知情收買審明將孫大於為從賊犯遣罪

上減一等杖一百徒三年恭逢本年閏三月二
十二日清刑
恩旨毋庸議減具奏奉
旨著加枷號兩個月再行杖徒等因欽遵在案今據
伊父孫賡光呈稱伊年近八十伊子孫大素有
吐血病症恐赴配有悮差使只符湊銀四百八

十兩代子贖罪等情臣等查孫大在米局帮夥
明知孟三等偷竊倉米輙敢圖利收買以致各
犯恃有銷贓之所得以肆竊情節較重孫大似
不准其贖罪為此謹
奏嘉慶十六年七月十五日奏本日奉
旨丁錫綬准其贖罪孫大不准贖罪欽此

刑部謹
奏為請
旨事乾隆元年三月二十六日奉
上旨贖罪一條原係古人金作贖刑之義況在內由部臣
奏請在外由督撫奏請皆屬斟酌情有可原者方准
納贖其事尚屬可行嗣後將贖罪一條仍照舊例辦

理欽此又乾隆四十八年臣部具奏嗣後在部呈請
贖罪之案倣照吏部辦理廢員捐復之例無論
准駁俱開列案情彙摺具奏等因奉
旨依議欽此欽遵各在案今據擬徒官犯陳春澤之嫂
張氏呈請繳銀五千兩代為贖罪等情臣等謹
開列該犯犯罪案情恭呈

御覽

一陳春澤係原任湖南署常德府知府因凃正權誣控孟學道等唆訟一案陳春澤提犯審訊因患病未能審理令代理經歷何天培審録供情何天培訊明孟學道實係被誣告知陳春澤管門家人蔣昂囑其轉禀蔣昂稔知孟學道等家

道般實起意索銀與何天培商允何天培恐陳春澤不依令蔣昂回明商辦蔣昂隨向陳春澤告知陳春澤因孟學道等既係被誣即無應得之罪向索銀兩尚無枉縱當即應允蔣昂隨覆知何天培令向孟姓索銀一二千兩何天培回署令書辦陳文光與孟姓商辦陳文光隨向孟

學道等告稱被控之案府署現欲索銀一二千
兩方允辦結並嚇稱如不出銀必致嚴辦孟學
道等畏懼共出銀一千七百兩交陳文光轉交
何天培收下何天培隱沒銀七百兩送給陳春
澤銀八百兩蔣昂銀二百兩陳春澤審明將孟
學道等省釋涂正權妄告之處年逾八十照律

勿論完案旋經該省訪聞叅奏將陳春澤革職
審依官吏受不枉法贓一百二十兩以上律擬
絞監候勒限追贓等因奏結嗣陳春澤將應繳
贓銀於一年限内如数呈繳照例減二等杖一
百徒三年題准各在案今據伊嫂陳張氏呈稱
氏翁於去年六月病故並無次丁柩停不能埋

塋氏夫弟素有吐血病症自獲罪以來悔懼交
集病勢愈重今氏情願照依原犯罪名繳銀五
千兩代為贖罪等情臣等查陳春澤係職官犯
贓情節較重似應不准其贖罪為此謹
奏請
旨嘉慶十六年七月二十六日發報具奏二十八日

報到奉
旨依議欽此

刑部謹

奏為請

旨事乾隆元年三月二十六日奉

旨贖罪一條原係古人金作贖刑之義況在內由部臣

奏請在外由督撫奏請皆屬斟酌情有可原者方准

納贖其事尚屬可行嗣後將贖罪一條仍照舊例辦

理欽此又乾隆四十八年臣部具奏嗣後在部呈請
贖罪之案倣照吏部辦理廢員捐復之例無論
准駁俱開列案情彚摺具奏等因奉
旨依議欽此欽遵各在案今據擬徒監生應榮舒之兄
應榮褒呈請捐銀八百兩代為贖罪又據擬徒
常犯郝可貞之祖父郝南賓呈請捐銀四百八

十兩代孫贖罪各等情臣等謹開列該犯等原
犯案情恭呈
御覽
一應榮舒係江西宜黃縣監生因族人應人槐應
四俚爭毆涉訟應四俚避匿不到應人槐聞知
應四俚躲避劉玉才家令應榮舒工人應元太

等往找無獲應元太等將劉玉才家鍋灶打毀
劉玉才嫁母朱陳氏因應元太係應榮舒家工
人疑係應榮舒主使前往理論伊媳周氏因陳
氏王患瘧疾未愈勸阻不依同往應榮舒家斥
責劉玉才亦即趕往解勸陳氏因應榮舒並未
在家不肯回歸旋即瘧發顫抖劉玉才雇轎擡

送陳氏病重口吐涎沫痰壅氣閉身死應榮舒
聞知趕回不知陳氏本係患病之人因其發顫
嘔吐猝然身死似有服毒情形心疑應四俚主
使劉玉才等毒毋圖賴報縣詣驗用銀針探入
咽喉取出青黑仵作未將銀針如法擦洗誤報
服毒該縣親自擦洗其色即去復驗實係病死

應榮舒以仵作先報服毒愈加疑惑遂控司提
審委無謀毒情事應榮舒亦即查明誤控緣由
心懷畏懼具結呈首審明應榮舒並不知陳氏
本係有病因見其發顫嘔吐猝然身死情近服
毒懷疑具控實非有心誣陷且一經查明誤控
緣由即行具結呈悔亦非始終固執將應榮舒

草去監生照誣告人死罪未決杖流加徒上酌
減一等杖一百總徒四年等因咨結在案今據
伊兄應榮衰呈稱榮舒素患弱病自獲罪以來
病勢愈劇恐到配有誤差使情願照例捐銀八
百兩代爲贖罪等情臣等查應榮舒懷疑具控
事出有因一經查明即行呈悔情尚可原應榮

舒似應准其贖罪
一郝可貞係安徽懷寧縣人來京在和春班掌班
唱戲有素識之沈紹文從揚州興販幼童來京
轉典學戲該犯用銀五十兩典得劉連幅為徒
寫立合同五年為滿旋被告發除沈紹文照興
販子女轉賣為奴婢例擬流外郝可貞依買良

家子女為優例枷號三個月杖一百徒三年等
因咨結恭逢本年
恩旨不准援減嗣據伊祖父郝南賓以現年八十四
歲家無次丁呈請留養經臣部批駁不准在案
今又據郝南賓呈稱身年逾八十全靠此孫養
活若將可貞充徒衣食無靠情願向親友借銀

四百八十兩代孫贖罪等情臣等查郝可貞係

買良為優擬徒遇

赦不准援之犯前據伊祖父郝南賓呈請留養亦經

臣批駁不准茲復據伊祖具呈哀懇贖罪可否

准其贖罪之處恭候

欽定為此謹

旨嘉慶十六年九月初十日發報具奏十三日報回

奉

旨俱准其贖罪欽此

刑部為請
旨事乾隆元年三月二十六日奉
旨贖罪一條原係古人金作贖刑之義況在內由部臣
奏請在外由督撫奏皆屬斟酌情有可原者方准納
贖其事尚屬可行嗣後將贖罪一條仍照舊例辦理
欽此又乾隆四十八年臣部具奏嗣後在部呈

請贖罪之案做照吏部辦理廢員捐復之例無
論准駁俱開列案情彙摺具奏等因奉
旨依議欽此欽遵各在案今據擬流人犯張冠三之父
張儒聖呈請捐銀七百二十兩代子贖罪等情
臣等謹開列該犯原犯情節恭呈
御覽

一張冠三係山東濟寧州金鄉縣人伊曾祖張子忠曾充縣皂後改名藎臣充當縣書旋捐監生嗣張冠三因不齒士族必欲子弟讀書入考曾於嘉慶四五兩年令弟張敬禮等赴考兩次迨六年縣考有生員李玉燦挾借貸不遂及售地不肯承買之恨攻訐皂孫冒考維時縣試已畢

隨於州考時牌示將張敬禮等暫行扣除衆童
生以暫扣恐其復考各觀望不前張冠三即以
李玉燦挾嫌妄攻糾衆罷考等情具控旋經審
虛將張冠三照誣告人死罪未決律擬流加徒
等因奏結於嘉慶七年發配浙江温州府安置
在案今據張冠三之父張儒聖呈稱伊夫婦均

年已七十老病殘軀僅此孤子並無子嗣媳李
氏痛夫哭泣雙目失明身子發配十年近接來
信思親情廹茲承族戚哀憐公湊銀七百二十
兩遵例代為贖罪等情臣等查張冠三弟兄係
皂隸曾孫該犯因令其弟冒考致被攻訐復以
糾衆罷考重情揑詞誣告情節較重似應不准

其贖罪為此謹

奏請

旨嘉慶十六年十二月　二日奏本日奉

旨依議欽此

刑部爲請

旨事乾隆元年三月二十六日奉

旨贖罪一條原係古人金作贖刑之義況在内由部臣

奏請在外由督撫奏請皆屬斟酌情有可原者方准

納贖其事尚屬可行嗣後將贖罪一條仍照舊例辦

理欽此又乾隆四十八年臣部具奏嗣後在部呈請

贖罪之案傚照吏部辦理廢員捐復之例毋論
准駁俱開列案情彙摺具奏等因奉
旨依議欽此欽遵各在案今據擬徒官犯董允懷之母
張氏呈請捐銀一千兩代子贖罪等情臣等謹
開列該犯原犯案情恭呈
御覽

一董允懷係原任廣西荔浦縣知縣有船户楊添
庭等越境販盐四千斤運至該縣銷售恐被盐
埠查知前赴素好之羅景湯家告知帯有私盐
欲向賃屋堆貯羅景湯當欲承買講明價值夤
夜將盐運回被盐埠稟縣該縣董允懷拿獲羅
景湯起獲盐包審訊楊添庭等俱供明實情惟

羅景湯狡供不認董允懷令皂役掌責二十羅
景湯仍然混賴董允懷即界方復令皂役拷打
脚踝羅景湯始據供認寄頓私鹽尚不承認買
私情事董允懷因見羅景湯受傷即令扶出調
治候俟傷痊質訊詎羅景湯傷處潰爛越十九
日殞命叅革審明除楊添庭等擬以軍徒並罪

應擬軍之羅景湯身死不議外將該革縣董允
懷依有司官因公事非法毆打致死律杖一百
徒三年等因奏結在案茲據董允懷之母張氏
呈稱氏現年七十歲只生允懷一子氏夫於允
懷四歲時病故氏孀守撫育教讀成名相依為
命今允懷犯罪被逮氏思子懷切卧病不起若

任其充配恐母子無相見之日氏情願照例捐
銀一千兩代子贖罪等情臣等查董允懷係職
官可否准其贖罪恭候
欽定為此謹
奏嘉慶十七年二月十三日奏本日奉
旨准其贖罪欽此

刑部為請
旨事乾隆元年三月二十六日奉
旨贖罪一條原係古人金作贖刑之義況在內由部臣
奏請在外由督撫奏請皆屬斟酌情有可原者方准
納贖其事尚屬可行嗣後將贖罪一條仍照舊例辦
理欽此又乾隆四十八年臣部具奏嗣後在部呈請

贖罪之案倣照吏部辦理廢員捐復之例無論
准駁俱開列案情彙摺具奏等因奉
旨依議欽此欽遵各在案今據擬遣人犯王泰來之母
劉氏呈請加倍捐銀一千二百兩代子贖罪等
情臣等謹開列該犯原犯案情恭呈
御覽

一、王泰來係江西安福縣人，向在貴州開雜貨店
生理，因賣貨陸續剔存小錢四百八十千文，雇
船戶運赴湖南，託朱攀桂收買布疋。該犯並未
隨往，追該船戶甫抵湖南，即被拿獲，審明該犯
以剔存小錢收買布疋，即與攙和行使無異，將
王泰來依鋪戶攙和行使小錢例發黑龍江為

奴等因奏結在案今據伊母劉氏呈稱氏現年
七十六歲氏夫早故守節三十餘僅存泰來一
子寄資養贍相依為命今獲罪遣戍氏桑榆暮
景老病無依今情願變産照平人贖遣罪捐銀
六百兩例加倍捐銀一千二百兩代子贖罪等
情臣等查王泰來行使小錢情節較重似應不

准其贖罪為此謹

奏請

旨嘉慶十七年三月二十九日奏本日奉

旨依議欽此

刑部為請

旨事乾隆元年三月二十六日奉

旨贖罪一條原係古人金作贖刑之義況在內由部臣

奏請在外由督撫奏請皆屬斟酌情有可原者方准

納贖其事尚屬可行嗣後將贖罪一條仍照舊例辦

理欽此又乾隆四十八年臣部具奏嗣後在部呈請

贖罪之案倣照吏部辦理廢員捐復之例無論
准駁俱開列案情彙摺具奏等因奉
旨依議欽此欽遵各在案今據徒犯劉潤之祖母尚氏
呈請捐銀八百兩代孫贖罪又據流犯張冠三
之父張儒聖呈請加倍捐銀一千四百四十兩
代子贖罪又據遣犯李項之妻王氏呈請捐銀

一千兩代夫贖罪各等情臣等謹開列各該犯

犯罪案情恭呈

御覽

一劉潤係直隸容城縣武生因小功堂弟劉勇屡

向借貸不遂詈罵劉潤氣忿令工人李德明糾

毆李德明糾人將劉勇毆打並誤將劉潤小功

堂叔劉連興一併毆傷劉潤並未同往嗣劉勇
之父劉連成叔劉連樹將劉潤指名具控劉潤
祖母尚氏聞控不依向夫胞姪劉連城揪罵劉
連城圖脫手推尚氏跌地致傷脊背等處劉連
樹趕往理剖失足跴傷尚氏左腿兩造互控均
避匿不到迨後劉連樹劉連城等糾人强割劉

潤菜子又强拉麥穗並將劉潤疊毆捆縛復經
尚氏控告劉連城等抗傳避匿尚氏即遣人赴
提督衙門呈控咨交該省審明除劉連城劉連
樹依毆期親伯母律分別擬以流徒外將劉潤
依毆本宗小功尊屬律杖七十徒一年半等因
咨結在案茲據伊祖母尚氏呈稱竊氏年將八

向胞姪劉連城等推跌受傷之後時發昏迷氏
子早故氏孫劉潤獲罪監禁憂鬱成疾氏與氏
媳孤寡無依殊堪憫惻且氏孫劉潤如果有心
干犯尊長固屬罪不宥實因被小功堂弟劉勇
詈罵令工人李德明毆打欲毆卑幼不料李德
明等誤將小功堂叔一併毆傷氏孫並未在場

妾不知犯尊情事今氏情愿捐銀八百兩代孫
贖罪等情臣等查劉潤因屢被小功堂弟劉勇
詈罵令工人李德明糾毆李德明等誤將該犯
小功堂叔劉連興毆傷該犯並未在場尚非有
心干犯且伊祖母亦被劉連城等推跌致傷該
犯又被捆縛疊毆情尚可原惟究係誤傷堂叔

服制攸關劉潤似應不准其贖罪

一張冠三係山東濟寧州金鄉縣人伊曽祖張子忠曽充縣皂後改名蓋臣充當縣書旋捐監生嗣張冠三因不齒士族必欲子弟讀書入考曽於嘉慶四五兩年令弟張敬禮等赴考兩次迨六月縣考有生員李玉燦挾借貸不遂反告地

不肯承買之恨攻訐皂孫昌考維時縣試已畢
隨於州考時牌示將張敬禮等暫行扣除衆童
生以暫扣恐其復考各觀望不前張觀三即以
李玉燦挾嫌妄供糾衆罷考等情具控旋經審
虚將張冠三照誣告人死罪未決律擬流加徒
等因奏結於嘉慶七年發配浙江温州府安置

嗣於十六年十一月間據伊父張儒聖呈請捐
銀七百二十兩代爲贖罪經臣部奏明不准各
在案今復據張儒聖呈稱竊身夫婦均年逾七
十僅此孤子娶媳李氏並無子嗣身現在兩腿
風症日就沉篤妻氏老病殘軀媳李氏痛夫哭
泣雙目失明泣思身子發配已逾十年屢接來

信思親情切痛悔前非茲又承親戚族人哀憐
老病孤苦情愿公湊加倍捐銀一千四百四十
兩懇請代爲贖罪等情臣等查張冠三弟兄係
皂隸曾孫因伊冒考致被攻訐復以糾衆罷考
捏詞誣告釀成重案拖累多人張冠三應不准
其贖罪

一李項係順天府大興縣人在前任伊犁將軍松
署內服役因同主僱工趙管兒邀該犯與佐
領珠蘭布等在馬圈賭博經該將軍查出審辦
趙管兒畏罪自縊將珠蘭布革職枷號李項擬
以枷責具奏經軍機大臣會同臣部以珠蘭布
身係佐領甘心與下賤家奴同賭寔屬無恥改

照現任職官屢次聚賭發遣例調發烏什等處効力贖罪李項在伊主馬圈連次聚賭未便僅依賭博例枷責將李項改照新疆各城跟役滋事例調發烏什等處為奴等因奏結在案今據李項之妻王氏呈稱竊氏夫發遣為奴迄今六載氏姑因念子抱病而歿氏煢煢無依又無子

嗣同案問擬之珠蘭布効力三年期滿業已奏
奉
恩旨釋回在氏夫獲咎遠戍固屬罪所應得而氏孤
若無依勢将填於溝壑茲氏哀、求親族帮助共
湊銀一千兩代夫贖罪等情臣等查李頂身係
家奴與現任官員聚賭且係發遣為奴之犯應

不准其贖罪為此謹
奏請
旨嘉慶十七年六月十八日奏本日奉
旨依議欽此

刑部謹
奏為請
旨事乾隆元年三月二十六日奉
旨贖罪一條原係古人金作贖刑之義況在內由部臣
奏請在外由督撫奏請皆屬斟酌情有可原者方准
納贖其事尚屬可行嗣後將贖罪一條仍照舊例辦

理欽此又乾隆四十八年臣部具奏嗣後在部呈請
贖罪之案仿照吏部辦理廢員捐復之例無論
准駁俱開列案情彙摺具奏等因奉
旨依議欽此欽遵各在案今據發遣官犯李賓之母李
濮陽氏呈請捐銀五千兩代子贖罪等情臣等
謹開列該犯原犯案情恭呈

御覽

一李賔係安徽廣德州人原任河南葉縣知縣因
裕州匪徒王膀子等乗雨澤愆期粮價昂貴糾
約常福等夥搶州屬舖户錢米並至舞陽葉縣
泌陽等縣肆刦經葉縣千總带兵往捕王膀子
等即倚衆拒捕被弁兵放鎗射箭致斃二命各

犯均各畏懼逃竄當經四處　文武員弁帶領兵
役會拿陸續獲犯審明正法該撫以該縣李賔
稟報遲延奏請革職奉
旨李賔著革職發往烏魯木齊効力贖罪等因欽遵
在案今據伊母李濮陽氏呈請氏子李賔現已
到戍方冀勉竭駑駘稍贖罪戾何敢瀆陳惟氏

煢煢嫠婦年近九旬素有痰喘病症前經氏子
迎養在署醫治未痊茲氏子獲罪遠戍憂思日
深病勢轉劇每思暮年母子一見無由氏風燭
殘年實堪憫惻伏念
聖朝孝治天下
澤被寰中凡負罪臣民但一線可原之情無不仰邀

恩宥曲賜矜全現在同案之裕州錢培善泌陽縣李
兆安俱已仰蒙
恩旨捐復原官氏念子情切情愿措變銀五千兩代
子贖罪憐氏孀病無歸叩乞據情代奏倘蒙
聖恩允准氏子邊疆遠戍生入玉門氏喘息餘年
恩從

天降將來氏與子相依生存一日皆出自
皇恩再造等情臣等查李賓係屬職官可否准其贖
罪之處恭候
欽定為此謹
奏請
旨嘉慶十七年十月十一日奏本日奉

旨准其贖罪欽此

刑部爲請
旨事乾隆元年三月二十六日奉
旨贖罪一條原係古人金作贖刑之義況在内由部臣
奏請在外由督撫奏請皆屬斟酌情有可原者方准
納贖其事尚屬可行嗣後將贖罪一條仍照舊例辦
理欽此又乾隆四十八年臣部奏請嗣後在部呈請

贖罪之案倣照吏部辦理廢員捐復之例毋論
准駁俱開列案情彙摺具奏等因奉
旨依議欽此欽遵各在案今據擬徒官犯儲斗南之母
劉氏呈請捐銀一千兩代子贖罪等情臣等謹
開列該犯犯罪事由恭呈
御覧

一儲斗南係安徽潛山縣舉人原任直隸候補知縣奉委會審鉅鹿縣邪教孫維儉等一案孫維儉等因藉修尼山祠宇斂湊銀錢先後送給執事官孔傳標等銀一千餘兩嗣孔傳標並未興工孫維儉起意控告賴其多得銀兩使其賠累隨將斂銀賬簿以小數改作大數造就假賬尚

未呈控被王邦彥首告孫維歛等即呈出假賬控供送給孔傳標銀四萬五千兩該督派委已革道員吳兆熊復督同該革員等帮同問供督令向孔傳標熬審孔傳標畏刑誣認復向追問銀兩下落孔傳標妄扳被管勾官王肇興等索去吳兆熊復督同該革員等提王肇興等跪鍊

熬審亦各誣認將王肇興等擬徒嗣經王肇興
遣人赴京翻控奏明將各委員解部革審據案
犯李景幅等供稱假賬捏供屬寔將該革員儲
斗南照故入人徒罪以全罪論律杖一百徒三
年等因奏結發配在案今據儲斗南之母劉氏
呈稱氏子斗南早已到配方冀勉竭駑駘稍贖

罪譴惟氏年逾六旬氏夫早故其時氏年十八
歲斗南係遺腹所生獨子孀守四十三年孤苦
伶仃教育成名相依為命氏子犯罪發配氏衰
年多病朝夕堪虞伏念
皇恩浩蕩凡臣民負罪稍有可原無不
曲加矜宥氏痛子情切情愿變產照七品官贖徒罪

例捐銀一千兩代子贖罪伏乞哀憐寡婦孤兒
據情代奏俾氏母子得以生前團聚則氏此後
餘年出自
聖恩再造等情臣等查儲斗南於拿獲鉅鹿縣邪教
案犯隨同道員吴兆熊審辦並未虛衷研鞫致
入人罪擬徒案情較重似應不准贖罪惟係職

官遵例奏明請
旨恭候
欽定為此謹
奏嘉慶十八年正月二十五日奏本日奉
旨不准贖罪欽此

刑部爲請

旨事乾隆元年三月二十六日奉

旨贖罪一條原係古人金作贖刑之義況在內由部臣

奏請在外由督撫奏請皆屬斟酌情有可原者方准

贖納其事尚屬可行嗣後將贖罪一條仍照舊例辦

理欽此又乾隆四十八年臣部具奏嗣後在部呈請

贖罪之案倣照吏部辦理廢員捐復之例毋論
准駁俱開列案情彙摺具奏等因奉
旨依議欽此欽遵各在案今據流犯靳書紳之母王氏
呈請捐銀七百二十兩代子贖罪等情臣等謹
開列該犯犯罪事由恭呈
御覽

一靳書紳係直隸天津縣人充當運司衙門書吏
長蘆綱總更換砝碼較舊砝分兩較少綱總樊
宗澄因靳書紳觧送太僕寺生息銀兩進京囑
伊隨同委員請領新砝給與銀五百兩作爲加
重砝碼使費靳書紳給工部書吏銀四百兩囑
其轉託匠頭将砝碼設法加重留銀一百兩作

為盤費並雇車使用嗣將砝碼領回樊宗澄謝
銀一百兩追經運塩船户呈控塩砝不准奏明
解部比羌審究訊将該犯靳書紳照説事過錢
無禄人聽減二等擬徒係書吏仍加一等杖一
百流二千里等因奏結在案今據靳書紳之母
靳王氏呈氏守節三十六年僅有書紳一子彼

時氏夫物故書紳未離襁褓苦守撫孤迄今成
立並於十三年二月仰蒙
旌表自以爲守志有成詎料氏子緣事遠戍在書紳
孽由自作在氏則心實難捨可憐年近七旬孀
婦煢煢孑立並無次丁侍養勢必填於溝壑徒
負

恩旌現在終朝哭泣憂思成疾茲承親友念氏守節
多年情堪憫惻俱愿出己貲公帮捐贖是以不
揣冒昧泣血哀懇將親友帮貲照例湊成銀七
百二十兩呈請捐贖伏乞推廣
皇仁格外憐念守節老婦孤苦無依據情轉奏倘蒙
皇上法外施仁恩准贖罪以終餘年等情臣等查斷

書紳係書吏因聽從樊宗澄賄增砝碼說事過
錢情節較重似應不准其贖罪為此謹
奏請
旨嘉慶十八年二月初五日奏本日奉
旨依議欽此

刑部爲請
旨事乾隆元年三月二十六日奉
旨贖罪一條原係古人金作贖刑之義况在内由部臣
奏請在外由督撫奏請皆屬斟酌情有可原者方准
納贖其事尚屬可行嗣後將贖罪一條仍照舊例辦
理欽此又乾隆四十八年臣部具奏嗣後在部呈請

贖罪之案倣照吏部辦理廢員捐復之例論准
駁俱開列案情彙摺具奏等因奉
旨依議欽此欽遵各在案今據徒犯吴鏡山之甥董義
增呈請捐銀四百八十兩代為贖罪等情臣等
謹開列該犯犯罪事由恭呈
御覽

一吳鏡山係順天府大興縣人有民人聶承業充
當佘塘烟行經紀該犯與宋六三在行管事因
向順天府糧廳請領開行告示並順天府請示
户部烟斤歸行章程吳鏡山與宋六三商議行
賄打點吳鏡山侵用銀四百五十兩嗣聶承業
經紀被革宋六三因外欠逼迫隨控吳鏡山欠

銀不還吳鏡山聞拿投首審明將吳鏡山照詐
欺取財計贓准竊盜論律罪應滿流聞拿投首
照例減一等杖一百徒三年劉發順天府追贓
發配等因奏結在案今據吳鏡山之甥董義增
呈稱母舅吳鏡山尚有父母兄弟妻子棺木五
口尚未安葬下有年輕寡媳及年甫九歲之幼

孫並年僅四歲之孫女無人撫養既無兄弟又
無子嗣形单影隻若遠配地方不特伊父母等
棺木竟致暴露即寡媳幼孫亦相繼而斃義增
誼関至戚目擊情形難禁痛心今情折變身産
業湊銀四百八十兩代為贖罪至其應繳入官
贜銀義增亦經如數代為赴户部完繳等情當

經臣部片行戶部查明吳鏡山應追銀兩曾否

完繳旋准戶部覆稱吳鏡山應追銀四百五十

兩業經照數收訖等因臣等查吳鏡山行賄打

點侵銀入已情節較重似應不准其贖罪爲此

謹

奏請

旨嘉慶十八年二月十五日奏本日奉

旨依議欽此

刑部為請
旨事乾隆元年三月二十六日奉
旨贖罪一條原係古人金作贖刑之義況在內由部臣
奏請在外由督撫奏請皆屬斟酌情有可原者方准
贖納其事尚屬可行嗣後將贖罪一條仍照舊例辦
理欽此又乾隆四十八年臣部具奏嗣後在部呈請

贖罪之案倣照吏部辦理廢員捐復之例無論
准駁俱開列案情彙摺具奏等因奉
旨依議欽此欽遵各在案今據湖北省擬流人犯傅鐺
之姪傅維湛呈請加倍捐銀五千兩代為贖罪
等情臣等謹開列該犯原犯情節恭呈
御覽

一傅鐺係湖北光化縣增貢生前於教匪滋擾時
曾捐銀築立土堡並督令鄉勇出力賞給五品
頂戴議叙主簿選用有堂兄傅鈞娶妻李氏生
子傅維法傅維濟李氏病故傅維濟代傅鈞娶
步氏為妾與傅維法分居迨傅鈞物故傅維法
欲分傅鈞養贍房屋步氏不依傅維法邀投胞

叔傅銑理論步氏以傅銑多管閒事混罵從此
挾嫌嗣傅維法因傅維濟獨佔贍産慮及日後
花費步氏仍須養贍反致受累逼令傅維濟寫
立一人獨養字據步氏聞知不甘赴縣呈告路
過雇工王甫魁家天晚借宿次日回家傅銑聞
知即稱步氏與王甫魁事有曖昧令傅維法赴

縣詎控訊無姦據斷令將步氏給傅銑領回嫁賣傅銑隨將步氏送與周家頴為妾步氏逃回遍投族衆言欲告狀經步氏之大功夫弟傅鐳留步氏在家居住周家頴因聞步氏欲告遂捏稱步氏被傅鐳等刁拐窩藏控縣傅鐳具詞申訴憶及傅銑前於捐銀築堡時稟伊首富致令

多捐銀兩彼此挾嫌因步氏曾向言及傅銑在
縣聽審時供稱該氏被夫逐出係傅維濟私接
回家事有曖昧似與傅維濟亦有不端情事傅
鐺遂以步氏並未指實之言誣控傅銑告有子
毋宣淫字樣訊明各犯均係虛誣該省將傅銑
比照將曖昧不明姦贓事情汚人名節擬軍例

量減擬徒周家顯照誣告人軍罪例擬軍傳鑄
呈告係照步氏口述之言冒昧敘入與有意誣
告不同於誣告人死罪未決擬流加徒律量減
總徒等因咨部經臣部以傳銑挾步氏斥罵微
嫌即誣步氏與王甫魁有曖昧情事實屬有心
污衊將傳銑改照姦贓情事污人名節例發附

近充軍傅鐺以步氏並未指實之言控砌誣告
亦改照誣告人死罪未決律杖一百流三千里
加徒役三年事犯在嘉慶十四年正月初一日
恩詔以前不准援減等因咨結嗣據傅鐺之母王氏
在部呈請捐銀二千五百兩代子贖罪經臣部
奏明不准捐贖又據伊姪傅維湛在本省呈請

捐銀二千五百兩代為贖罪復經湖廣總督馬
慧裕奏奉
諭旨不准贖罪等因各在案今又據傅維湛呈稱職
叔前因捐資團練鄉勇帮同剿匪得受癆傷給
軍功五品頂戴議叙主簿職銜茲得罪思悔舊
病復發前經八十歲之繼祖母王氏呈請捐銀

一千五百兩代爲贖罪蒙奏明不准嗣繼祖母
王氏憂鬱病故停柩在家職叔不能喪葬焦急
病勢日劇又經職在本省呈請捐銀二千五百
兩代叔捐贖蒙總督具奏奉
旨不准贖罪竊思職叔訴詞係照步氏哭訴之語冒
昧叙入事出有因並非平空誣揑情可矜原現

因患病在禁若任聽其庾斃囹圄情所不忍今
令遵例情愿加倍捐銀五千兩代為贖罪等情
臣等查傅鐺挾嫌捏詞誣控大功堂兄情節較
重疊經奏奉
諭旨不准贖罪傅鐺似應仍不准其贖罪為此謹
奏請

旨嘉慶十八年四月十二日奏本日奉
旨依議欽此

刑部爲請
旨事乾隆元年三月二十六日奉
旨贖罪一條原係古人金作贖刑之義況在内由部臣
奏請在外由督撫奏請皆屬斟酌情有可原者方准
納贖其事尚屬可行嗣後將贖罪一條仍照舊例辦
理等因又乾隆四十八年臣部具奏嗣後在部呈請

贖罪之案倣照吏部辦理廢員捐復之例無論
准駁俱開列案情彙摺具奏等因奉
旨依議欽此欽遵各在案今據山西省擬徒人犯王
定基之母曹氏呈請捐銀一千兩代子贖罪等
情臣等謹開列該犯情節恭呈
御覽

一王定基係山西岳陽縣人捐職州吏目因族人
王九兒之母劉氏與莫讓魁之母李氏口角互
毆王九兒赴縣喊控經縣差宋天和等將莫讓
魁鎖住並經該縣飭委典史丁文光赴鄉驗傷
丁文光向宋天和聲稱盤費必須代為設措宋
天和意欲撞騙隨囑該犯王定基同范培風從

中說合並令范培風向莫讓魁告稱必須花銀
四百兩莫讓魁應允兑交宋天和将銀送給丁
文光四十兩給王劉氏養傷銀五十兩赴鄉車
馬供應及轎夫吏役等共用銀九十餘兩自用
銀一百六十餘兩經范培風等開具花費須单
同餘剩銀四十三兩零退還莫讓魁嗣莫讓魁

之父莫貴有因花費多銀向莫讓魁吵鬧莫讓
魁畏懼逃至京城躲避莫貴有復向宋天和吵
鬧宋天和即退還銀一百五十兩息事莫讓魁
在京憶爲涉訟費銀不能回歸心生氣忿赴都
察院呈控咨交該省審明該犯王定基並無染
指情事除宋天和病故丁文光照枉法贓律杖

九十徒二年半外將王定基照說事過錢律於丁文光罪上減一等杖八十徒二年等因咨結在案今據王定基之母曹氏呈稱竊氏年逾八旬氏夫早故本生二子長子立基已於嘉慶十二年病故次子定基雖有子嗣年俱幼小氏相依定基為命若任聽定基發配則氏衰老餘年

無人侍奉必致傷生氏情愿照例捐銀一千兩
代子贖罪等情臣等查王定基僅止代為說合
並未從中染指情尚可原王定基似應准其贖
罪為此謹
奏等因嘉慶十八年七月初三日奏本日奉
旨依議欽此

刑部為請

旨事乾隆元年三月二十六日奉

旨贖罪一條原係古人金作贖刑之義況在內由部臣

奏請在外由督撫奏請皆屬斟酌情有可原者方准

納贖其事尚屬可行嗣後將贖罪一條仍照舊例辦

理欽此又二十三年三月二十三日奉

旨斬絞緩決各犯贖罪之例着永行停止俟遇有恩赦
減等有悍於遠行者再准納贖而贖鍰則仍照原擬
罪名不得照減等之罪欽此又四十八年臣部具奏
嗣後在部呈請贖罪之案儆照吏部辦理廢員
捐復之例無論准駁俱開列案情彙摺具奏等
因奉

旨依議欽此欽遵各在案今據山東省減等流犯王長
清之母張氏呈請捐銀二千兩代子贖罪又據
山西省徒犯范培風之姪范長青呈請捐銀八
百兩代叔贖罪又據擬軍人犯程升之母李氏
呈請加倍捐銀一千四百四十兩代子贖罪各
等情臣等謹開列該犯等犯罪情節恭呈

御覽

一王長清係山東單縣武生於嘉慶十四年間因

工人單煥與常得容賭博該犯見而吆喝單煥

走避該犯村斥常得容不應誘賭常得容不服

向罵該犯回詈被其拾棍向毆該犯拔刀將棍

格落常得容撞頭致劃傷其顖門常得容揪伊

髮辮揿按該犯情急復扎傷其左肋倒地殞命
審將該犯王長清依鬭毆殺人律擬絞監候緩
決三次恭逢嘉慶十七年
恩旨減為杖一百流三千里等因奏准在案今據王
長清之母張氏呈稱竊氏夫久經病故生子二
人次子太清現患殘疾不能侍養氏守節二十

餘年倚靠長子長清度日若任其發配氏老病無依必難存活情願變產照原犯絞罪捐贖繳銀二千兩代子贖罪等情臣等核等核與減等流犯贖罪之例相符王長清似應准其贖罪

一范培風係山西岳陽縣武生因民人王九兒之母劉氏與莫讓魁之母李氏口角互毆王九兒

赴縣喊控經差差宋天和等將莫讓魁鎖住並
經該縣飭委典史丁文光赴鄉驗傷丁文光向
宋天和聲稱盤費必須代爲設措宋天和意欲
撞騙隨囑王定基同該犯范培風從中說合並
令該犯向莫讓魁告稱必須花銀四百兩莫讓
魁應允交宋天和將銀送給丁文光四十兩

給王劉氏養傷銀五十兩赴鄉車馬供應及轎
夫吏役等共銀九十餘兩自用銀一百六十餘
兩經該犯等開具花費清單同餘剩銀四十三
兩零送退還莫讓魁查收嗣莫讓魁之父莫貴
有因花費多銀向莫讓魁不依欲毆莫讓魁畏
懼迯至京城躲避莫貴有復向宋天和吵鬧宋

天和即退還銀一百五十兩息事莫讓魁在京
憶為涉訟費銀以致不能回歸心生氣忿赴都
察院呈控咨交該省審明該犯范培風並無染
指情事除宋天和病故丁文光照枉法贓律杖
九十徒二年半外將范培風照說事過錢律於
丁文光罪上減一等杖八十徒二年等因咨結

在案今據范培風之姪范長青呈稱竊身叔素
患虛怯病症自獲罪監禁以來病勢日增身誼
関骨肉不忍膜視情愿照例捐銀八百兩代叔
贖罪等情臣等查范培風僅止代為説合並未
從中染指情尚可原范培風似應准其贖罪

一程升係順天府大興縣人充當花户於嘉慶七

年間經鑲白旗領催阿洪阿等向花户尉七等
商允在兵丁領米車價内每石多索京錢四十
文作為倉内使費布圖分肥尉七恐押旗放米
之叅領德喜慶奎查知禁阻囑阿洪阿向德喜
等說明自七年春間起至九年夏季止共関米
十次陸續收得錢文分給德喜慶奎各京錢九

百八十五吊各領催京錢自十八吊至二百餘
吊不等各倉花户尉七及程升等各得京錢二
三十吊不等旋經該旗副都統拾獲匿名揭帖
查辦究晰前情除叅領德喜慶奎依不枉法贓
律擬絞限内完贓照例減等領催阿洪阿等分
別贓数擬以軍徒折枷外將程升與尉七等均

依倉役詐贓十兩以上例擬發近邊充軍等因
奏結於嘉慶九年發配安徽舒城縣安置在案
今據程升之母李氏呈稱竊氏現年七十八歲
僅生程升一子别無次丁氏孤孀老婦依靠無
人伏思
皇恩浩蕩恤老矜孤凡年老無人侍養者無不仰邀

聖鑒曲加憫宥況氏當垂暮之年母子相依為命近因念子情切悲痛交加以致積慮成疾醫藥罔效因思氏子到配已及十載若非生前得以團聚則竟無見面之時為此强延殘喘情願告貸親族照平人贖軍罪捐銀七百二十兩例加倍捐銀一千四百四十兩代子贖罪俾氏母子得

以生前團聚終養餘年恩同再造等情臣等查
程升身充花户胆敢串通領催等向関米之人
索詐得贓致釀匿名揭帖巨案情節較重似應
不准其贖罪為此謹
奏嘉慶十八年八月初九日發報具奏十二日報
到奉

旨依議欽此

刑部為請
旨事乾隆元年三月二十六日奉
旨贖罪一條原係古人金作贖刑之義況在內由部臣
奏請在外由督撫奏請皆屬斟酌情有可原者方准
納贖其事尚屬可行嗣後贖罪一條仍照舊例辦理
欽此又乾隆四十八年臣部具奏嗣後在部呈請

贖罪之案倣照吏部辦理廢員捐復之例毋論
准駁俱開列案情彙摺具奏等因奉
旨依議欽此欽遵各在案今據陝西省軍犯劉允中
之母王氏呈請捐銀七百二十兩代子贖罪又
直隸省軍犯李球之弟李居琦呈請捐銀一千
二百兩代兄贖罪又江蘇省流犯錢瑚之叔錢

茂積呈請捐銀七百二十兩代姪贖罪各等情

臣等謹開列該犯等原犯情節恭呈

御覽

一劉允中係山西陽曲縣人伊父劉經原任陝西

留壩同知劉允中因伊父在同知並褒縣任内

承辦軍需報銷盧有賠累節經在陝省呈請將

准駁各款飭知並列款赴京呈控咨陝查明伊
父並無應領之項實係劉允中懷疑具控咨部
銷案嗣劉允中因聞嘉慶十一年十一月該首
布政使詳請找發糧員銀兩内恐有找發伊父
之項被人乾沒向局幕高大椿等索看詳冊不
給疑團未釋復以局幕高大椿局員費濬那移

乾沒等情赴陝西廵撫衙門具控訊明並無寔
據以該犯所控高大椿等侵盜那移係屬重事
未便因其並未指明乾沒那移確數稍爲寬縱
將劉允中依蓦越赴京告重事不實例發邊遠
充軍原領千總頂戴執照飭追咨銷等因咨結
在案今據劉允中之母王氏呈稱現年七十五

歲全賴允中養贍且允中前在陝省隨同鄉勇
打仗得有勞症自獲罪後愧悔交迫舊病復發
若令其力疾赴配存亡莫保氏桑榆暮景依靠
無人情愿遵例繳銀七百二十兩爲子贖罪併
聲明劉允中前于嘉慶三年隨同鄉勇打仗經
署撫泰　賞給千總頂戴給有軍功執照第當

時並未奏明亦未咨部有案是以仍照民人例
捐贖等情臣部片查兵部劉允中所得千總項
戴並未咨部亦未奏明有案核與所呈相符臣
等查劉允中因伊父劉經在陝西同知並知縣
任內承辦軍需聞該省藩司有找發糧員銀兩
之事恐有伊父應領之項向局幕高大椿等索

看詳冊不給懷疑具控事出有因情尚可原劉
允中似應准其贖罪
一李球係直隸獻縣監生嘉慶十五年十二月二
十九日夜伊弟李居琦家被賊紀五等行竊刃
傷更夫報縣緝拿紀五照例擬以絞候題結李
球因聞紀五所住之李家窪村均係紀樹本等

莊頭佃户疑為招留竊匪赴府呈控經紀樹本
等将莊佃姓名送縣查究並将紀二驅逐李棣
始則因疑具控繼以紀樹本等係屬官族異圖
有人説合藉此交結往來紀樹本等置之不理
李棣自覺無顔隨赴都察院呈控咨交該省查
審李棣慮恐反生自将妄控情節據實供吐将

李球擬杖納贖洛結李球更懷慚忿適紀五於
十七年六月二十七日在監越獄脫逃即於七
月初二日被獲紀五挾嫌揑供曾至莊頭劉洛
梗家給與酒飯盤費逃逸經縣訊係誣扳將劉
洛梗保釋紀五依例改為秋審情實題結李球
聞知紀五供有劉洛梗資助盤費情事劉洛梗

業已保釋疑為狗縱控經直隸總督飭府提訊
李球情虛畏避並以紀樹本等任控不理給伊
無顏即揑砌紀樹本等縱佃作盜等情並羅織
多人赴步軍統領衙門呈控奏交該督審係虛
誣將李球即李玳革去監生依驀越赴京告重
事不實並全誣十人以上例發邊遠充軍據供

伊母年逾八旬家無次丁飭查取結辦理等因
奏結在案今據伊弟李居琦以伊早以出繼生
母張氏現已八十一歲思子成病茲聞蒙查留
養儘可靜候查辦惟母病日篤恐輾轉行查勢
必稽延月日不能久待情愿遵例捐銀一千二
百兩代為贖罪等情臣等查李隸因紀樹本等

任控不理給伊無顔即揑砌紀樹本等縱佃作
盜羅織多人混行呈控情節較重李球似應不
准其贖罪

一錢瑚係江蘇無錫縣人與無服族姪孫錢道生
之妻錢王氏隣近居住嘉慶十七年二月初十
日錢瑚與錢王氏調戲成姦後非一次八月初

問錢王氏因姦懷孕慮恐敗露令錢瑚覔人打胎錢瑚往向收生之胡王氏據實告知央懇用藥打胎應許事後酬謝胡王氏貪利應允令錢瑚先給洋銀一個在野地尋取牛膝草並置買麝香於初十日將牛膝草捶碎同麝香納入錢王氏產門詎錢王氏墮胎後穢血上衝至二十

六日身死將錢瑚依婦人因姦懷孕畏人知覺
與姦夫商謀用藥打胎以致墮胎身死者姦夫
杖一百流三千里例擬杖一百流三千里等因
咨結在案今據伊叔錢茂積呈稱伊姪錢瑚幼
失怙恃經伊撫養長成視同已出錢瑚素有失
血病症起解後勢必命塡溝壑且伊年已七十

並無子女全依錢瑚侍養一旦遠離伊亦斷難
活命情愿遵例捐銀七百二十兩代為贖罪等
情臣等錢瑚與無服族姪孫之妻王氏通姦懷
孕商同打胎致王氏墮胎身死係屬因姦釀命
情節較重錢瑚似應不准其贖罪理合恭摺具
奏伏候

欽定爲此謹

奏請

旨嘉慶十八年十月二十一日奏本日奉

旨依議欽此

刑部為請

旨事乾隆元年三月二十六日奉

旨贖罪一條原係古人金作贖刑之義況在內由部臣

奏請在外由督撫奏請皆屬斟酌情有可原者方准

納贖其事尚屬可行嗣後將贖罪一條仍照舊例辦

理欽此又乾隆四十八年臣部具奏嗣後在部呈請

贖罪之案倣照吏部辦理廢員捐復之例毋論
准駁俱開列案情彙摺具奏等因奉
旨依議欽此欽遵各在案今據擬徒發遣官犯胡壽芝
之母胡俞氏呈請加倍捐銀三千兩代子贖罪
又據擬徒人犯師萬全之母師宋氏呈請捐銀
八百兩代子贖罪各等情臣等謹開列該犯等

原犯案情恭呈
御覽
一胡壽芝係已革河南夏邑縣知縣嘉慶三年胡
壽芝由川楚軍營効力奉
旨賞戴藍翎後因隨州任內修理
文廟濫派銀兩被控叅奏革職十三年淀津接

駕奉
旨以知縣用並未
賞還藍翎旋即選授河南夏邑縣知縣到任之初布
圖誇耀僭戴藍翎五品頂戴經該撫查知勒令
摘換嗣有監生高峻嶺賭博被獲不認出言頂
撞該革員飭役疊責高峻嶺誣認開場誘賭詳

草收禁旋因户書李洪業侵用官租銀兩挾該
革員查出監追之嫌起意赴控拖累隨湊揑胡
壽芝浮收勒折挾嫌濫刑各款做就呈詞串通
高峻嶺等遣人赴京呈控奏奉
諭旨將胡壽芝革職審明並無浮徵勒折挾嫌誣陷
情事除李洪業等分別擬以軍徒外將胡壽芝

依假冒頂戴止圖光榮鄉里杖六十徒一年例
上發往新疆當差等因奏結在案今據伊母胡
俞氏呈稱伊年近八旬素有痰喘病症經氏子
迎養在署醫治未愈而氏子前在軍營八年受
有潮濕時發時愈茲獲罪愧悔腿疾愈劇步履
尤艱倘悞差使獲罪滋深氏以風燭殘年思子

無由一見一孫年僅四歲覩景傷悲實堪惻憫
氏年暮無依念子情切情願變產援七京官犯
徒贖銀一千兩例再加二倍交銀三千兩代子
贖罪等情臣等查胡壽芝係屬職官可否准其
贖罪之處恭候
欽定

一師萬全係山西平遥縣監生在鹽店内生理有素好之把總董慶長於嘉慶十七年十一月獲賊楊小羣拷訊致斃經縣訪聞驗明揭忝董慶長挾嫌控以該縣劉樾於儀盛當馮姓私帯鳥鎗致田艾眼試放自行震傷身死一案得銀三百兩伊亦得錢六十五千遂將此案完結等情

稟揭復恐審虛即囑師萬全於該店賬簿内付

給順昌號錢六十五千文之下添註儀盛當三

字遂到案捏稱伊所得儀盛當錢票六十五千

係交師萬全店内收存陸續取用提訊師萬全

亦隨同誣証詷經吊查賬簿究出實情除董慶

長依律擬流加徒外將師萬全革去監生照証

佐不言實情故行誣証減罪人罪二等律擬杖九十徒二年半據供母老丁单飭查照例辦理等因奏結在案今據伊母師宋氏呈稱伊年逾七旬僅此一子賴其養贍今因師萬全獲罪痛子情切以致病勢愈增命在朝夕雖蒙查辦留養往返行查有稽時日誠恐母子不能見面情

願照例捐銀八百兩代子贖罪等情臣等查師萬全於董慶長禀揭該縣得銀私結人命一案僅止事後聽囑作証並無受賄情事情尚可原師萬全似應准其贖罪為此謹

奏請

旨嘉慶十八年十一月十一日奏本日奉

旨准其贖罪欽此

刑部為請
旨事乾隆元年三月二十六日奉
旨贖罪一條原係古人金作贖刑之義況在內由部臣
奏請在外由督撫奏請皆屬斟酌情有可原者方准
納贖其事尚屬可行嗣後將贖罪一條仍照舊例辦
理欽此又乾隆四十八年臣部具奏嗣後在部呈請

贖罪之案做照吏部辦理廢員捐復之例無論
准駁俱開列案情彙摺具奏等因奉
旨依議欽此欽遵各在案今據擬徒官犯程鏶之母冷
氏呈請捐銀一千兩代子贖罪等情臣等謹摘
敘該犯原犯情節恭呈
御覽

一程鑅係已革捐納知縣因赴吏部投供會遇書吏施典托查選期談及伊繼父直隸冀州知州程正堦失察邪教處分施典見程鑅年幼起意撞騙隨以處分甚重如肯許給銀兩尚可設法商辦程鑅恐伊父實降當許事後謝銀四百兩施典索銀六百兩　程鑅未允施典隨約俟職名

到部再行商定旋經吏部堂官風聞奏交臣部
審明除施典照稱稱打點使用名色誆騙財物
例擬軍外程鏁探聽伊父處分許謝銀兩雖訊
明贓未過付未便照被騙例擬杖應於施典軍
罪上減一等杖一百徒三年等因奏結在案今
據程鏁之母冷氏呈稱氏夫程泰堦已故生子

二人因夫弟程正皆乏嗣將次子程鑅過繼為
子冷氏長子程錫已於本年二月病故現無別
子又乏嗣孫惟程鑅承祧兩房氏現在年逾七
十煢煢孤孑氏子到配已逾一載思念情切染
患痰喘病症奄奄一息若待程鑅徒滿釋回恐
母子終無相見之日氏情愿照例捐銀一千兩

代爲贖罪等情臣等查程鏢係屬職官可否准

其贖罪之處恭候

欽定等因嘉慶十八年十二月初九日奏本日奉

旨准其贖罪欽此

刑部爲請
旨事乾隆元年三月二十六日奉
旨贖罪一條原係古人金作贖刑之義况在内由部臣
奏請在外由督撫奏請皆屬斟酌情有可原者方准
納贖其事尚屬可行嗣後將贖罪一條仍照舊例辦
理欽此又乾隆四十八年臣部具奏嗣後在部呈請

贖罪之案倣照吏部辦理廢員捐復之例無論
准駁俱開列案情彙摺具奏等因奉
旨依議欽此欽遵各在案今據擬流官犯李寅之母孫
氏呈請捐銀二千四百兩代子贖罪等情臣等
謹摘叙該犯原犯情節恭呈
御覽

一

李寅係原任順天府通判因民人業承業充當佘塘烟行經紀令行夥吴鏡山赴該廳衙門具呈請領開行告示吴鏡山向該廳書吏王烈探聽王烈聲稱必須向伊本官打點始能給發吴鏡山隨與在行管事之宋六三商議許給王烈銀一千五百兩王烈稟求李寅早給告示李寅

應允即令王烈繕寫用印發給吳鏡山先給王烈銀九百兩王烈事後送給李寅銀六百兩嗣宋六三與吳鏡山涉訟究出李寅得賍情事奏請革審將李寅依准不枉法賍律杖一百流三千里不准完賍減等親老丁单亦不准留養所得賍銀照追入官等因奏結在案今據李寅之

母孫氏呈稱氏夫李國桐已故氏現年七十一歲只生該犯一子家無次丁惟依李寅爲命氏向患目疾茲又染患痰症自李寅犯罪已一載有餘痛子情切病勢日增恐李寅發配後難以存活除應追銀兩業已措交外今遵例捐銀二千四百兩代子贖罪等情檢查户部知照李寅

應追贓銀六百兩已照數收訖等因臣等查李
寅係職官犯贓情節較重似應不准其贖罪為
此謹
奏等因嘉慶十八年十二月初九日奏本日奉
旨依議欽此

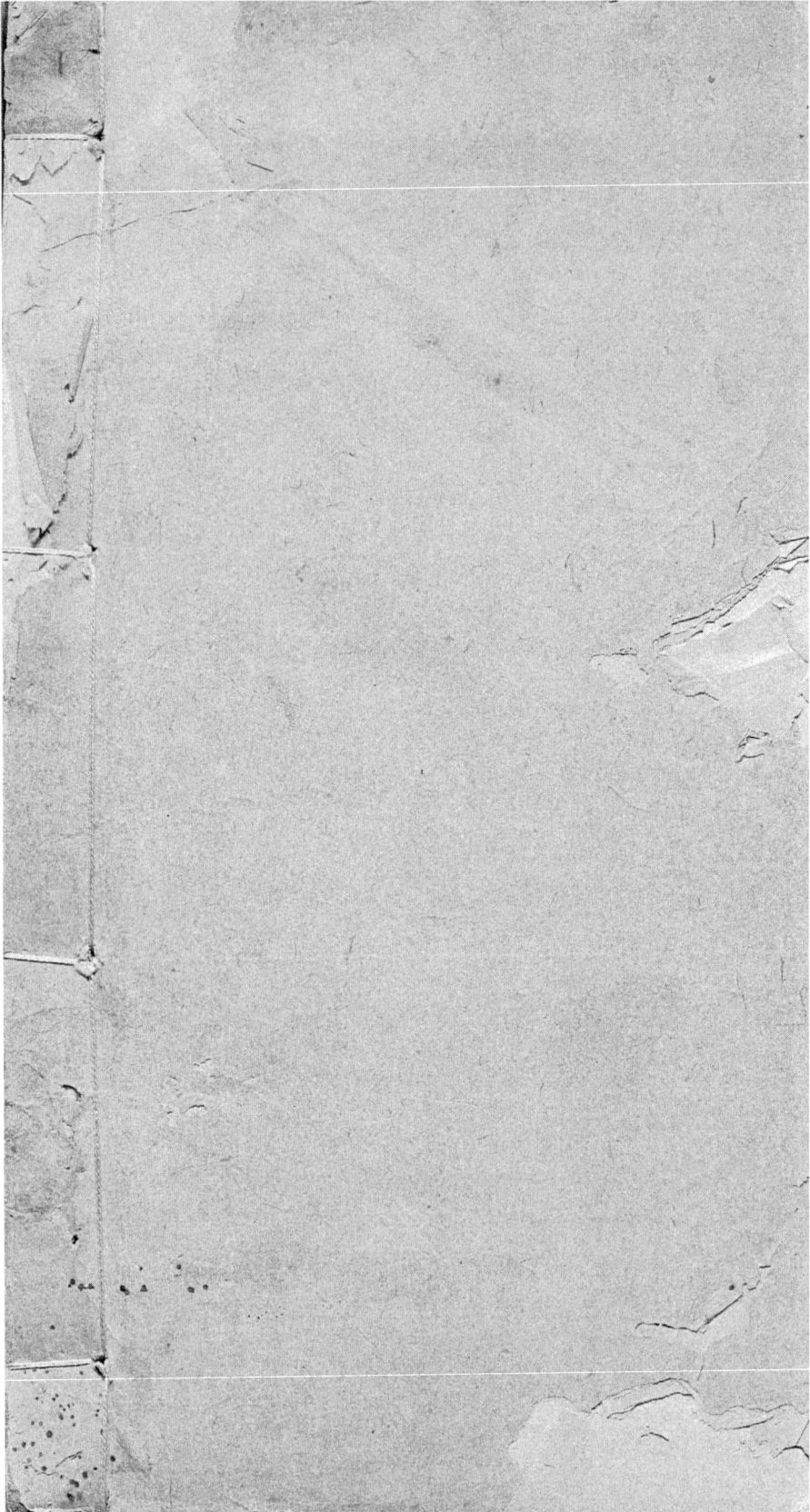